30 dias com o Coração de Jesus

30 dias com o
Coração de Jesus

Apostolado da oração
Brasil

Edições Loyola

Preparação e revisão: Maria Suzete Casellato
Capa e diagramação: Vanessa Castro
Foto de © Renáta Sedmáková | Adobe Stock.
Pintura do Coração de Jesus
na Igreja de São Moisés, Veneza.

Edições Loyola Jesuítas
Rua 1822 nº 341 – Ipiranga
04216-000 São Paulo, SP
T 55 11 3385 8500/8501, 2063 4275
editorial@loyola.com.br
vendas@loyola.com.br
www.loyola.com.br

Todos os direitos reservados. Nenhuma parte desta obra pode ser reproduzida ou transmitida por qualquer forma e/ou quaisquer meios (eletrônico ou mecânico, incluindo fotocópia e gravação) ou arquivada em qualquer sistema ou banco de dados sem permissão escrita da Editora.

ISBN 978-65-5504-080-7

© EDIÇÕES LOYOLA, São Paulo, Brasil, 2021

SUMÁRIO

APRESENTAÇÃO 7
1. QUERO TER UM CORAÇÃO MANSO E HUMILDE 9
2. QUERO TER UM CORAÇÃO ALEGRE 11
3. QUERO TER UM CORAÇÃO SADIO 13
4. QUERO TER UM CORAÇÃO BONDOSO 15
5. QUERO TER UM CORAÇÃO GENEROSO 17
6. QUERO TER UM CORAÇÃO MISERICORDIOSO 19
7. QUERO TER UM CORAÇÃO RESILIENTE 21
8. QUERO TER UM CORAÇÃO PACIENTE 23
9. QUERO TER UM CORAÇÃO CONFIANTE 25
10. QUERO TER UM CORAÇÃO ATENCIOSO 27
11. QUERO TER UM CORAÇÃO FORTE 29
12. QUERO TER UM CORAÇÃO FIEL 31
13. QUERO TER UM CORAÇÃO VENCEDOR 33
14. QUERO TER UM CORAÇÃO ACOLHEDOR 35
15. QUERO TER UM CORAÇÃO COMPROMETIDO 37
16. QUERO TER UM CORAÇÃO VERDADEIRO 39
17. QUERO TER UM CORAÇÃO ARREPENDIDO 41
18. QUERO TER UM CORAÇÃO APAIXONADO 43
19. QUERO TER UM CORAÇÃO DISPONÍVEL 45
20. QUERO TER UM CORAÇÃO PERSEVERANTE 47
21. QUERO TER UM CORAÇÃO CONTEMPLATIVO 49
22. QUERO TER UM CORAÇÃO QUE AMA 51
23. QUERO TER UM CORAÇÃO QUE PERDOA 53
24. QUERO TER UM CORAÇÃO QUE ACREDITA 55
25. QUERO TER UM CORAÇÃO QUE ESCUTA 57
26. QUERO TER UM CORAÇÃO QUE BUSCA A SANTIDADE 59
27. QUERO TER UM CORAÇÃO PLENO DE PAZ 61
28. QUERO TER UM CORAÇÃO CHEIO DE COMPAIXÃO 63
29. QUERO TER UM CORAÇÃO CHEIO DE ESPERANÇA 65
30. QUERO TER UM CORAÇÃO CHEIO DE TERNURA 67
PEQUENO OFÍCIO DO SAGRADO CORAÇÃO DE JESUS 69
TERÇOS 77
ORAÇÕES 79
CANTOS 83
REFERÊNCIAS BIBLIOGRÁFICAS 87

APRESENTAÇÃO

O coração é uma das partes mais importantes de nosso corpo. Ninguém vive sem coração por muito tempo. Quando falamos do Coração de Jesus não pensamos apenas no órgão físico que mantém o corpo irrigado de sangue. Quando a Bíblia se refere ao coração, está falando sobre quem realmente somos nós. Por isso mesmo, toda a espiritualidade do Sagrado Coração de Jesus que se vem desenvolvendo nestes séculos, quer nos fazer compreender o imenso amor que Cristo tem para conosco. Ele não só é manso e humilde, que carrega em seu coração os nossos fardos, dores e angústias, mas também deixa jorrar de seu coração, tocado pela lança, sangue e água, sinal de toda a vida nova que brota de sua entrega livre e redentora.

Este livro quer ajudar você a rezar melhor. A oração não é algo estático e sem sentido. Embora ela possa ajudar a apaziguar, na verdade, a oração deve conduzir à remoção daquela quietude do nosso coração, fruto da alienação, para carregá-lo com as dores e alegrias de toda a humanidade. Rezar bem não é só encontrar-se com o Senhor, mas é também apresentar a Ele todas as outras pessoas que estão já presentes em seu próprio coração. É preciso buscar, bater na porta, lutar, insistir com Deus para arrancar dele algum fiozinho de segredo que ilumine diariamente a nossa existência neste mundo. A oração nos torna pessoas com mais espírito.

Cada dia queremos insistir com Deus a fim de que nos revele o segredo para termos um coração manso e humilde, alegre, bondoso, generoso, misericordioso, resiliente, paciente, confiante, atencioso, forte, fiel, vencedor, acolhedor, comprometido, verdadeiro, arrependido, apaixonado, disponível, perseverante, contemplativo, capaz de amar, perdoar, acreditar e escutar, como fez Jesus na sua missão. Porque percebemos que somente um coração pleno de paz, cheio de ternura e esperança é capaz de se deixar guiar no caminho da santidade.

Nesse sentido, diariamente convivemos com expressões da presença e da proximidade de Deus para conosco: um abraço de um amigo, uma carícia de amor, uma oração que nos torna mais fortes, uma palavra de conforto e esperança, um serviço gratuito, um gesto de caridade. Deus é generoso em sua bondade!

Este livro vai acompanhar você nas orações de cada dia, tendo como enfoque principal a espiritualidade do Coração de Jesus, que transformou a vida de Santa Margarida Maria, de São Cláudio La Colombière, de Santa Teresinha do Menino Jesus, de Santa Irmã Dulce dos Pobres. Cristo quer também transformar a sua vida e o seu coração: abra espaço para Ele! É obra de misericórdia despertar quem está distraído e disperso, quem está paralisado pelo medo.

Pe. Eliomar Ribeiro, SJ
Diretor Nacional da Rede Mundial
de Oração do Papa no Brasil

1. QUERO TER UM CORAÇÃO MANSO E HUMILDE

+ Abri, Senhor, os meus lábios,
E minha boca anunciará vosso louvor!

+ Jesus, manso e humilde de coração,
Fazei o nosso coração semelhante ao vosso!

Acolho a Palavra de Deus que ilumina minha mente e fortalece meu coração.

"Vinde a mim, vós todos que estais oprimidos de trabalhos e sobrecarregados, e eu vos aliviarei. Tomai sobre vós o meu jugo e aprendei de mim, que sou manso e humilde de coração, e encontrareis repouso para vossas almas. Porque o meu jugo é suave e o meu peso é leve." (Mateus 11,28-30)

Cristo expressa sua compaixão por aqueles que estão cansados e carregados de fardos. Quem dentre nós não carrega fardos? Voltemos nosso coração para o Senhor e escutemos sua promessa. Ele cuida de nós, é o médico do corpo e da alma. Quando nos cansamos com o peso de nossos fardos, recordamos essa promessa do Senhor?

Se respondermos ao convite de Cristo e formos a Ele, faremos uma dupla descoberta: a primeira é que nosso Mestre é "manso e humilde de coração". Lembra-nos São Francisco de Sales que *"a humildade aperfeiçoa-nos em relação a Deus e a mansidão, em relação ao próximo"*. A segunda descoberta é que o jugo de Cristo é fácil de carregar, seu fardo é leve. Assim, tomar o jugo de Cristo, tornar-se seu discípulo, produz em nós o efeito contrário: o cansaço torna-se descanso, o peso transforma-se em leveza e alívio. Isso porque Cristo carrega tudo conosco, ou melhor, Ele nos carrega.

Para santa Teresinha do Menino Jesus, essa passagem resume o espírito do Evangelho. Diz a santa: *"Para mim, não encontro mais nada nos livros, a não ser no Evangelho. Este livro é suficiente para* mim. *Saboreio deliciosamente esta palavra de Jesus que me diz tudo o que tenho de fazer: 'sede discípulos meus, porque eu sou manso e humilde de coração'; então, eu tenho a paz, segundo sua doce promessa: 'e encontrareis descanso para vossas almas'".*

No seu amor por nós, Deus deseja habitar em nossos corações. É a surpreendente promessa que Cristo fez aos seus amigos antes de morrer. Deus quer estabelecer sua morada em cada um de nós. São Paulo dá testemunho disso ao dizer: "Já não sou eu que vivo, é Cristo que vive em mim". É a meta de chegada para a qual o Espírito Santo nos conduz. É a identificação total com Cristo. É o que desejamos e pedimos diariamente, com coração de pobre, sabendo que alcançar essa graça nunca será fruto apenas dos nossos esforços. Acreditamos que essa identificação com Cristo nos é dada de modo privilegiado na Eucaristia. Ele mesmo vem a nós no seu Corpo e no seu Sangue e nos modela interiormente conforme o seu Coração, a fim de sermos e agirmos como Ele, sobretudo quando somos humildes e vivemos a mansidão.

Termino este meu tempo de oração dispondo-me à vontade de Deus, rezando:

Pai Nosso que estais no céu...

Ó Coração de Jesus, quero oferecer-vos os problemas, sofrimentos e dificuldades de minha vida, que sempre acontecem, mesmo sem culpa de ninguém. Que nada me deprima ou desanime. Quero levar a minha cruz com humildade e mansidão. Que eu vos sinta carregando a cruz comigo nos piores momentos da caminhada. Quero amar meus irmãos e servi-los com alegria. Amém.

+ Coração de Jesus que tanto nos amais,
Fazei com que eu vos ame cada vez mais!

+ Louvado Seja Nosso Senhor Jesus Cristo!
Para sempre seja louvado!

2. QUERO TER UM CORAÇÃO ALEGRE

+ Abri, Senhor, os meus lábios,
E minha boca anunciará vosso louvor!

+ Jesus, manso e humilde de coração,
Fazei o nosso coração semelhante ao vosso!

Acolho a Palavra de Deus que ilumina minha mente e fortalece meu coração.

"Eu vos digo isto para que a minha alegria esteja em vós e a vossa alegria seja completa. Este é o meu mandamento: amai-vos uns aos outros assim como eu vos tenho amado. Ninguém tem maior amor do que aquele que dá a vida por seus amigos. Vós sereis meus amigos se praticardes o que vos mando. Já não vos chamo de servidores, pois o que serve não sabe o que faz o senhor. Mas eu vos chamo de amigos, porque vos dei a conhecer tudo quanto ouvi de meu Pai." (João 15,12-15)

Jesus chama-nos seus amigos e nos convida a um amor pessoal, íntimo e afetivo com Ele. Sempre intercede por nós, e está empenhado em nos atrair para Ele, pois somos preciosos a seus olhos.

O coração e a vida inteira de quem se encontra com Jesus é preenchido pela alegria do Evangelho. Devemos buscar a alegria nas pequenas coisas da vida. Nossa alegria brota da fonte transbordante do Coração de Cristo. É o encontro com sua Pessoa que dá à nossa vida um novo horizonte.

A alegria que buscamos é alicerce de nossa fé, mas nem sempre precisa se refletir em atitudes exteriores que podem parecer algo superficial. A alegria que experimentamos brota de dentro do nosso coração amado pelo Senhor. Nada e nem ninguém pode roubar-nos a alegria, se é Deus quem sustenta nossas vidas.

Um testemunho maravilhoso de alegria é o de um homem que viveu rodeado de misérias e sofrimentos humanos de deficientes físicos e

mentais, Dom Orione. Dele são estas jubilosas palavras: *"Hoje tenho uma vontade louca de dançar; haverá dança no paraíso? O certo é que, se existe música, haverá dança também! Quero cantar e dançar sempre. Não tenho dúvida de que o Senhor há de arranjar-me um cantinho todo particular no céu, para não perturbar os mais contemplativos. Quero manter viva a alegria no coração de todos. Quero ser o santo das danças, das músicas, da alegria de Deus".*
A amizade com Jesus, leva-nos a olhar o mundo com os seus olhos, a sofrer com os seus sofrimentos e a alegrar-nos com as suas alegrias, a oferecer-nos para trabalhar com Ele em favor dos nossos irmãos e irmãs. Ele está conosco sempre!

A alegria espiritual é fruto do Espírito e é graça a ser pedida na oração. É um sentimento interno totalmente gratuito: saber que somos amados por Deus que nos deu seu Filho para a nossa salvação. A nossa alegria brota da Cruz e da Ressurreição.

Cuidemos para não perdermos a alegria interior, pois outras pessoas serão atraídas para mais perto do Evangelho através da vivência feliz de nossa fé e do testemunho alegre que dermos.

Termino este meu tempo de oração dispondo-me à vontade de Deus, rezando:

Pai Nosso que estais no céu...

Ó Coração divino, Manancial de amor de onde brota o rio da Vida, dai-nos beber com alegria dessa fonte de salvação. Assim saciados, sejamos repletos de vosso Espírito, vivendo só de Vós, por Vós e para Vós, para revelar aos demais a alegria de pertencer a Vós, a razão de nossas vidas. Amém.

+ Coração de Jesus que tanto nos amais,
Fazei com que eu vos ame cada vez mais!

+ Louvado Seja Nosso Senhor Jesus Cristo!
Para sempre seja louvado!

3. QUERO TER UM CORAÇÃO SADIO

+ Abri, Senhor, os meus lábios,
E minha boca anunciará vosso louvor!

+ Jesus, manso e humilde de coração,
Fazei o nosso coração semelhante ao vosso!

Acolho a Palavra de Deus que ilumina minha mente e fortalece meu coração.

"Não junteis para vós tesouros na terra, onde a traça e a ferrugem os consomem, e onde os ladrões penetram para roubar. Mas acumulai para vós tesouros no céu, onde nem traça nem ferrugem os consomem, e onde os ladrões não penetram para roubar. Porque, onde estiver o teu tesouro, ali estará também o teu coração... Não estejais preocupados em relação à vossa vida, com o que haveis de comer e beber, nem em relação ao vosso corpo, com o que haveis de vestir. Porventura não vale a vida mais que o alimento, e o corpo mais que a roupa?" (Mateus 6,19-21.25)

Vivemos em um ritmo muito acelerado e todos os dias lidamos com muito estresse. E podemos nos perguntar: o que vale a pena na vida? Que sentido tem minha vida neste mundo? Sabe-se que o estresse causa danos profundos ao coração. O ritmo de vida de muita gente está muito acelerado.

Um modo de manter o coração sadio, é assumir práticas que diminuam nossos níveis de ansiedade e estresse. Invista em alternativas que lhe façam sentir-se bem: fazer algum exercício físico, dormir bem, separar tempo para lazer, ler um livro, escutar música, ter uma experiência de oração, cuidar da saúde mental.

É incrível quantos males se praticam no mundo em nome da justiça, da religião e em nome até do próprio Deus. Isso porque muitas pessoas não conseguem vencer a tentação de maquiar o Criador e nem a terrível tentação de serem donos da verdade. Até Deus parece tornar-se propriedade de certas pessoas.

A experiência revela que as pessoas que mais condenam e julgam os outros são as menos edificantes e observantes da lei divina em qualquer comunidade humana: família, associações, comunidades eclesiais, partidos políticos etc.

A tentação de ser fariseu é muito grande e bem mais frequente do que se pensa. Ela consiste também em ver apenas o exterior das pessoas e o lado aparente de suas ações. É um olhar doentio que precisa ser curado. Quando o olho é maldoso, ele adoece o coração. Não se esqueça do ditado que diz que "o olho é a janela do coração".

Cuidar da saúde do coração tem impactos muito positivos na nossa saúde física, mental e espiritual. Como recordava o Pequeno Príncipe: "Só se vê bem com o coração!"; podemos acrescentar: com o coração sadio. Somos felizes porque temos um Amigo que olha sempre as nossas ações com os olhos do seu Coração.

Valorize mais o que vale a pena e deixe de lado tantos adereços que mais atrapalham do que ajudam na saúde de nosso ser. Vale a pena escolher tesouros que a ferrugem não possa consumir nem a traça possa destruir.

Termino este meu tempo de oração dispondo-me à vontade de Deus, rezando:

Pai Nosso que estais no céu...

Ó Cristo Jesus, quero oferecer-vos o meu coração, com os seus sentimentos e afetos, desejos e amizades, vontade de amar e servir. Sei que cuidais de mim sempre e me alegro sabendo que meu coração vai passar o dia guardado por Vós. Peço-vos a graça de viver bem cada instante dos meus dias. Amém.

+ Coração de Jesus que tanto nos amais,
Fazei com que eu vos ame cada vez mais!

+ Louvado Seja Nosso Senhor Jesus Cristo!
Para sempre seja louvado!

4. QUERO TER UM CORAÇÃO BONDOSO

+ Abri, Senhor, os meus lábios,
E minha boca anunciará vosso louvor!

+ Jesus, manso e humilde de coração,
Fazei o nosso coração semelhante ao vosso!

Acolho a Palavra de Deus que ilumina minha mente e fortalece meu coração.

"Nenhuma árvore boa dá fruto mau. Nenhuma árvore má dá fruto bom. Cada árvore é reconhecida pelo fruto que lhe é próprio: não se colhem figos de espinheiros, nem uvas de urtigas. O homem bom tira o bem do tesouro de bondade que é o seu coração; e o mau tira o mal do seu fundo ruim; pois a boca fala do que o coração está cheio." (Lucas 6,43-45)

A bondade é uma expressão de amor. Uma pessoa bondosa transmite nas ações a beleza do seu coração bondoso. Ao fazermos obras boas nos sentimos bem, nos vemos como pessoas boas. Porém, essas ações nascem da bondade cultivada nos nossos pensamentos. É cuidando dos pensamentos que a bondade será vivida de modo concreto.

Colher o bem do tesouro de bondade do nosso jardim interior passa pelas atitudes que demonstram como o coração está repleto de gratidão e cheio de amor. Os frutos da bondade são a caridade, a compaixão, a gentileza, a confiança, o cuidado. Quando agimos com bondade, ajudamos a iluminar o mundo; a bondade é uma dádiva de Deus.

Algumas atitudes podem nos ajudar a avaliar nosso modo de ser e ao mesmo tempo alimentar o coração com experiências de bondade: procuro fazer aos outros o que eu gostaria que fosse feito a mim; é uma regra de ouro nos relacionamentos. Esforço-me por enxergar sempre o melhor dos outros. Busco reconciliação sempre que necessário, não me fecho em meu mundo. Estou atento às necessidades dos demais, tanto os mais próximos quanto os que necessitam de maior atenção. Sou generoso na doação do meu tempo ao outro: empresto o ouvido, jogo conversa fora, dou atenção. Esforço-me para ser gentil e educado com os mais difíceis e vulneráveis.

A bondade é uma qualidade que todos nós deveríamos ter. É através dela que passamos a acreditar nas pessoas. Geralmente, quem é bom tem alma nobre e generosa. No relacionamento com cada pessoa do seu convívio exercite a prática da bondade. Tente ser pessoa do bem. Surpreenda os outros com gestos gratuitos de bondade, sem esperar nenhuma recompensa. Antecipe-se no bem e nutra as pessoas próximas a você com gestos de bondade e afeto. Não deixe de experimentar a força da bondade, e você vai provocar a mudança desejada no mundo, começando por você.

Um exemplo de bondade muito próximo a nós é Santa Teresa de Calcutá. A pobreza, o abandono dos doentes e famintos espalhados pelas ruas, tocava seu coração. Nunca desperdiçou a oportunidade de praticar a bondade. Com ela aprendemos a melhor cuidar, amar e servir a Cristo. Na vida de Madre Teresa, a bondade se fez caridade.

Termino este meu tempo de oração dispondo-me à vontade de Deus, rezando:

Pai Nosso que estais no céu...

Senhor Jesus, em cujo Coração resplandece a caridade divina, olhai com bondade o vosso povo. Abençoai, nós vos pedimos, nossas crianças, os idosos e as famílias. Que vosso Coração ferido de amor, seja para nós um refúgio seguro nas horas difíceis da vida. Confiamos em vós e vos adoramos. Amém.

+ Coração de Jesus que tanto nos amais,
Fazei com que eu vos ame cada vez mais!

+ Louvado Seja Nosso Senhor Jesus Cristo!
Para sempre seja louvado!

5. QUERO TER UM CORAÇÃO GENEROSO

+ Abri, Senhor, os meus lábios,
E minha boca anunciará vosso louvor!

+ Jesus, manso e humilde de coração,
Fazei o nosso coração semelhante ao vosso!

Acolho a Palavra de Deus que ilumina minha mente e fortalece meu coração.

"Amas todos os seres e não sentes aversão por nada do que fizeste; pois se o tivesses odiado, não o terias feito. E como subsistiria uma coisa, se não a quisesses? Como existiria, se não a tivesses chamado? Tratas tudo com amor porque tudo é teu, Senhor, amigo da vida!"
(Sabedoria 11,24-26)

Generosidade é uma palavra que deriva do latim e refere-se à inclinação para dar e partilhar acima de qualquer interesse ou utilidade. É uma virtude e um valor positivo que se pode associar ao altruísmo, à caridade e à filantropia.

A pessoa generosa escolhe partilhar, repartir ou distribuir aquilo que tem com outros menos favorecidos. Reconhecer e satisfazer as necessidades do próximo está na base do seu comportamento. A generosidade não está unicamente associada ao dinheiro ou aos bens materiais. Um indivíduo pode ser generoso com o tempo de que dispõe e dedicar-se a causas solidárias, sem pedir nada em troca. Cuidar de um doente, limpar uma praia, acompanhar pessoas idosas, visitar os presos, prestar um serviço voluntário – são todas ações que fazem parte da generosidade.

Pode-se dizer que a generosidade procura o bem-estar da sociedade. A pessoa generosa não busca qualquer recompensa por suas ações, pois entende que faz o que é correto e justo. Se cada um de nós fosse mais generoso e doasse parte dos seus recursos materiais ou abstratos, o mundo seria um lugar melhor e ninguém seria privado do necessário.

O Papa Francisco nos exorta na *Fratelli tutti* que *"sempre existe o fator da gratuidade: a capacidade de fazer algumas coisas simplesmente porque são boas em si mesmas, sem preocupação com ganhos ou recompensas pessoais. Quem não vive a gratuidade fraterna transforma a sua existência em um comércio cheio de ansiedade: está sempre medindo aquilo que dá e o que recebe em troca. Todos podemos dar sem esperar recompensa, fazer o bem sem pretender outro tanto da pessoa que ajudamos".*

Alguém que demonstrou enorme generosidade e gratuidade é santa Dulce dos Pobres. A obra de caridade fundada por ela que mais se destaca é o Hospital Santo Antônio, em Salvador. Como devota desse santo, que deixou tudo para servir aos mais pobres, ela também procurou amar, servir e cuidar do próximo, como a Cristo. Era uma mulher de oração e contemplação que moveu o mundo para que as pessoas tivessem acesso aos benefícios da saúde, alimentação, moradia, dignidade humana, escola etc. De irmã Dulce, aprendemos a generosidade e o serviço ao próximo mais desprezado e abandonado. Abrir o coração é o melhor requisito para fazermos a diferença na vida de muitas pessoas.

Termino este meu tempo de oração dispondo-me à vontade de Deus, rezando:

Pai Nosso que estais no céu...

Senhor Jesus, ensinai-me a ser generoso, a servir-vos como Vós mereceis, a dar-me sem medida, a combater sem procurar descanso, a gastar-me sem buscar outra recompensa senão saber que faço a vossa santa vontade. Que meu coração seja tão generoso como o vosso Coração. Amém.

+ Coração de Jesus que tanto nos amais,
Fazei com que eu vos ame cada vez mais!

+ Louvado Seja Nosso Senhor Jesus Cristo!
Para sempre seja louvado!

6. QUERO TER UM CORAÇÃO MISERICORDIOSO

+ Abri, Senhor, os meus lábios,
E minha boca anunciará vosso louvor!

+ Jesus, manso e humilde de coração,
Fazei o nosso coração semelhante ao vosso!

Acolho a Palavra de Deus que ilumina minha mente e fortalece meu coração.

"Senhor, Deus de Israel, não há Deus igual a ti, nem em cima nos céus, nem embaixo na terra! Tu manténs a Aliança e guardas fidelidade para com os teus servos, quando andam diante de ti de todo o coração. Atende a prece do teu servo e a sua súplica, Senhor meu Deus, e ouve o apelo e a prece que teu servo profere hoje na tua presença!" (1Reis 8,23.28)

Misericórdia é um sentimento de compaixão, despertado pela desgraça ou pela miséria alheia. A expressão misericórdia tem origem latina e é formada pela junção de *miserere* (ter compaixão), e *cordis* (coração). "Ter compaixão no coração" significa ter capacidade de sentir aquilo que a outra pessoa sente, aproximar seus sentimentos dos sentimentos de alguém, ser solidário com as pessoas.

Não podemos nos esquecer de que sempre precisamos de perdão e de paciência. O segredo da misericórdia é este: perdoando, se é perdoado. Deus nos precede e nos perdoa por primeiro, recebendo o seu perdão, somos capazes de perdoar. A misericórdia está no centro da vida cristã. Como gosta de dizer o Papa Franscisco: "Não existe cristianismo sem misericórdia". Também o Papa São João Paulo II, num belo texto sobre esse tema, recorda-nos que: "Se o nosso cristianismo não nos leva à misericórdia, erramos o caminho, porque a misericórdia é a única verdadeira meta de todo caminho espiritual. Esse é um dos frutos mais belos da caridade".

Quando convocou o Jubileu Extraordinário da Misericórdia, na carta de proclamação – *Misericordiae Vultus* – o Papa Francisco escreveu que "*a Igreja tem a missão de anunciar a misericórdia de Deus, coração pulsante do Evangelho, que por meio dela deve chegar ao coração e à mente das pessoas. É determinante para a Igreja e para a credibilidade do seu anúncio que viva e testemunhe, ela mesma, a misericórdia. A sua linguagem e os seus gestos, para penetrarem no coração das pessoas e desafiá-las a encontrar novamente a estrada para regressar ao Pai, devem irradiar misericórdia. Onde a Igreja estiver presente, aí deve ser evidente a misercórdia do Pai*".

As obras de misericórdia são 14 preceitos que nos levam a viver melhor a nossa fé cristã. Elas se dividem em obras temporais e espirituais. As ações temporais são: dar de comer a quem tem fome, dar de beber a quem tem sede, vestir os nus, acolher os peregrinos, assistir aos enfermos, visitar os presos e enterrar os mortos. As obras espirituais são: dar bom conselho, ensinar os ignorantes, corrigir os que erram, consolar os tristes, perdoar as ofensas, saber ser paciente com as fraquezas do próximo, e rezar a Deus por todos os necessitados, tanto vivos quanto mortos.

Termino este meu tempo de oração dispondo-me à vontade de Deus, rezando:

Pai Nosso que estais no céu...

Pai misericordioso, que nos amais com imenso amor e por isso nos enviastes vosso Filho, aceitai-nos como oferendas vivas, a fim de que nossa vida vos seja agradável e possamos testemunhar a misericórdia que jorrou do Coração de Cristo. Amém.

+ Coração de Jesus que tanto nos amais,
Fazei com que eu vos ame cada vez mais!

+ Louvado Seja Nosso Senhor Jesus Cristo!
Para sempre seja louvado!

7. QUERO TER UM CORAÇÃO RESILIENTE

+ Abri, Senhor, os meus lábios,
E minha boca anunciará vosso louvor!

+ Jesus, manso e humilde de coração,
Fazei o nosso coração semelhante ao vosso!

Acolho a Palavra de Deus que ilumina minha mente e fortalece meu coração.

"Não é, acaso, uma luta a vida do homem sobre a terra? O Senhor é sábio de coração e robusto de força: quem lhe resistiria impunemente? Ele é quem remove as montanhas, sem que elas percebam. Até quando me afligireis o coração e com palavras me esmagareis?" (Jó 7,1.9,4.19,2)

Uma pessoa resiliente é aquela que apresenta enorme capacidade de superar desafios e transformar algo ruim em oportunidade de aprendizado, fazendo com que cada obstáculo se transforme em força propulsora. Em geral, são pessoas capazes de manter a calma diante das adversidades. Por meio do autocontrole e do próprio otimismo, elas enfrentam as situações complicadas com tranquilidade e olham as mesmas com mais equilíbrio.

Não se trata de não sofrer ou de não conviver com problemas e adversidades, mas de enfrentar tudo com mais confiança e otimismo. O personagem bíblico Jó é um exemplo disso. Sua paciência é muito mais resiliência. Sua capacidade de lidar com o próprio sofrimento, com o desprezo das pessoas, com o silêncio divino, levam-no a perceber no próprio fracasso, no grito de desespero, a chance de mudança para sobreviver, dar-se conta de que nunca esteve sozinho e abandonado por Deus.

Como afirma o escritor Walter Anderson: *"Coisas ruins acontecem, mas a maneira como eu respondo define meu caráter e minha qualidade de vida. Posso optar por ficar preso na tristeza perpétua,* imobilizado pela seriedade da minha perda, ou superar a dor e salvaguardar o presente mais precioso que tenho: a vida em si."

Na *Evangelii Gaudium*, o Papa Francisco sugere como viver com mais otimismo, levando nossa cruz a cada dia: *"Uma das tentações mais sérias que sufocam o fervor e a ousadia é a sensação de derrota que nos transforma em pessimistas lamurientos e desencantados com cara azeda. Ninguém pode empreender uma luta se, de antemão, não está plenamente confiado no triunfo. Quem começa sem confiança perdeu de antemão metade da batalha e enterra os seus talentos. Embora com a dolorosa consciência das próprias fraquezas, há que seguir em frente, sem se dar por vencido, e recordar o que disse o Senhor a São Paulo: «Basta-te a minha graça, porque a força manifesta-se na fraqueza» (2Cor 12,9). O triunfo cristão é sempre uma cruz, mas cruz que é, simultaneamente, estandarte de vitória, que se empunha com ternura batalhadora contra as investidas do mal. O mau espírito da derrota é irmão da tentação de separar prematuramente o trigo do joio, resultado de uma desconfiança ansiosa e egocêntrica."* (EG 85)

Termino este meu tempo de oração dispondo-me à vontade de Deus, rezando:

Pai Nosso que estais no céu...

Meu Senhor e meu Deus, com humildade quero oferecer-vos tudo o que em mim é pequeno e frágil. Acolhe as minhas virtudes e qualidades, minhas preocupações e ansiedades, as minhas faltas de amor. Não há ninguém tão compreensivo como Vós. Sabeis tirar proveito da nossa debilidade. Ajudai-me a não perder a calma diante dos obstáculos e a manter-me otimista. Amém.

+ Coração de Jesus que tanto nos amais,
Fazei com que eu vos ame cada vez mais!

+ Louvado Seja Nosso Senhor Jesus Cristo!
Para sempre seja louvado!

8. QUERO TER UM CORAÇÃO PACIENTE

+ Abri, Senhor, os meus lábios,
E minha boca anunciará vosso louvor!

+ Jesus, manso e humilde de coraçâo,
Fazei o nosso coração semelhante ao vosso!

Acolho a Palavra de Deus que ilumina minha mente e fortalece meu coração.

"Sede, pois, pacientes, irmãos, até a vinda do Senhor. Vede como o lavrador espera o precioso fruto da terra, aguardando com paciência até quando tiver recebido as primeiras e últimas chuvas. Sede também vós pacientes, fortalecendo vossos corações. Não murmureis uns contra os outros, a fim de não serdes julgados. Nós proclamamos bem-aventurados os que souberam perseverar. Ouvistes falar da paciência de Jó e vistes o fim que o Senhor lhe concedeu, porque o Senhor é imensamente compassivo e misericordioso." (Tiago 5,7-9.11)

A paciência é uma virtude do ser humano que tem como base o autocontrole emocional, ou seja, quando um indivíduo suporta situações desagradáveis e incômodas, e até mesmo injúrias de terceiros, sem perder a calma e a concentração. A paciência surge da tolerância com os erros alheios ou diante de situações e fatos indesejados.

Ter paciência pode também significar perseverança em relação a algo, como resposta a uma situação ou ação que aparentemente não tem previsão para se concretizar. Por exemplo, uma dependência química de alguém da família.

A verdadeira paciência é fruto de um juízo reto. Conta-se que um dia santa Teresinha se ofereceu para ajudar na lavanderia do Carmelo. Isso exigia sacrifício, porque era inverno e a água estava muito fria. Enquanto esperava que a porta da lavanderia se abrisse, no horário certo, pôs-se a fazer tricô. Aí chegou outra freira com a mesma intenção de ajudar na lavagem da roupa. Santa Teresinha, que fazia isso com frequência, sabia que só havia lugar para uma ajudante. Resolveu, pois, ceder seu lugar à outra. Quando a porta se abriu, a santinha, muito propositalmente, começou a dobrar o tricô bem devagar para que a outra lhe passasse à frente. E foi o que a outra freira fez, dando quase um pulo da cadeira em que estava. E entrou na lavanderia. Até aí tudo bem. Mas a freira encarregada do trabalho, a mesma que abriu a porta, cochichou para Teresinha: "Você pensa que eu não vi? Você queria só chamar a atenção sobre si mesma. Não queria ajudar coisa nenhuma. Tirou o corpo fora quando viu que havia outra! Ficou aí fazendo cera com seu tricô!". Teresinha manteve a calma, a paciência e não disse uma palavra.

Devemos cuidar para não "perdermos a paciência" e nem justificarmos nossas irritações dizendo que "a paciência tem limite"; é verdade que por mais paciente que se possa ser, sabemos que a paciência é findável. Não devemos cansar de suplicar a Deus um coração paciente. A paciência é um dom do Espírito Santo, que deve ser pedido diariamente.

Termino este meu tempo de oração dispondo-me à vontade de Deus, rezando:

Pai Nosso que estais no céu...

Ó Deus de toda consolação, ofereço-vos o meu coração para que eu saiba amar como o Coração de Jesus. Não quero guardar nada para mim, mas quero oferecer tudo aos demais. Concedei-me neste dia a vossa paz e um coração paciente e solidário, atento ao bem que devo fazer. Amém.

+ Coração de Jesus que tanto nos amais,
Fazei com que eu vos ame cada vez mais!

+ Louvado Seja Nosso Senhor Jesus Cristo!
Para sempre seja louvado!

9. QUERO TER UM CORAÇÃO CONFIANTE

+ Abri, Senhor, os meus lábios,
E minha boca anunciará vosso louvor!

+ Jesus, manso e humilde de coração,
Fazei o nosso coração semelhante ao vosso!

Acolho a Palavra de Deus que ilumina minha mente e fortalece meu coração.

"Meu filho, não te esqueças do meu ensinamento, e no coração guarda os meus preceitos: pois aumentarão os teus dias e os teus anos de vida e paz. Não te abandonem amor e verdade. Fixa-os ao pescoço e na tábua do coração. E assim encontrarás favor e êxito diante de Deus e também dos homens. Confia no Senhor com todo o teu coração e não te apoies em teu próprio juízo." (Provérbios 3,1-5)

A confiança em Deus vai se refletindo no modo como confio nas pessoas. Confiar é também amar. Nós costumamos rezar nossa confiança no Coração de Jesus. A confiança em Deus pode transformar nossa vida, basta que verdadeiramente acreditemos e deixemos que Ele entre em nosso coração.

A experiência de sentir-se amado por Deus acontece de modos diversos, às vezes por breve tempo, outras vezes por um tempo maior. Como é bom fazer a experiência de confiar e saber-se amado, como que ouvindo o próprio Deus a me dizer: Eu te amo. Essa experiência é tão plenificante que somos levados a dizer com o salmista: *"O amor de Deus vale para mim mais do que a vida"*. Ou com Santa Teresa D'Ávila: *"Somente Deus basta"*, ou ainda com Santo Inácio de Loyola: *"Dai-me vosso amor e vossa graça, que isso me basta"*. Como diz Santo Agostinho, temos necessidade existencial de Deus. Temos sede de Deus: *"Fizeste-me para ti e meu coração está inquieto enquanto não descansar em ti"*. Experimentar essa presença amorosa de Deus, vale mais que todas as coisas da vida.

Na oração satisfazemos as nossas saudades de estar com Deus. Santa Teresa a define assim: *"A oração é um encontro de amigos, ficando muito tempo a sós com quem sabemos que nos ama"*. Um coração que confia quer estar sempre unido ao Coração do Amado.

A imagem do Coração de Cristo que as famílias costumam ter em suas casas nos sugere que o diálogo com os homens e com Deus é o diálogo que nos salva! Do Coração aberto de Jesus sai, como de uma fonte, a palavra certa, a grande palavra capaz de tornar-nos felizes: *"Eu te amo. Eis o coração que tanto ama os homens"*, disse Jesus a Santa Margarida Maria, mostrando-lhe o próprio Coração!

Um coração confiante não vacila diante das primeiras dúvidas e dificuldades. Não importa o que se fez, nem por quanto tempo, o que importa é ter fé e acreditar que para Deus nada é impossível. Quando confiamos em Deus, permitimos que Ele faça em nosso interior uma transformação que pode mudar nossa vida para sempre. A confiança requer que coloquemos nossa agenda nas mãos de Deus, acreditando que o tempo dele é sempre perfeito para nós.

Termino este meu tempo de oração dispondo-me à vontade de Deus, rezando:

Pai Nosso que estais no céu...

Coração de Jesus, fonte de toda consolação e salvação dos que esperam em vós, dai-nos sempre a verdadeira alegria e consolo, pois colocamos toda a nossa confiança na caridade do vosso divino Coração. Concedei-nos viver e permanecer em vosso amor, para encontrarmos a felicidade eterna. Amém.

+ Coração de Jesus que tanto nos amais,
Fazei com que eu vos ame cada vez mais!

+ Louvado Seja Nosso Senhor Jesus Cristo!
Para sempre seja louvado!

10. QUERO TER UM CORAÇÃO ATENCIOSO

+ Abri, Senhor, os meus lábios,
E minha boca anunciará vosso louvor!

+ Jesus, manso e humilde de coração,
Fazei o nosso coração semelhante ao vosso!

Acolho a Palavra de Deus que ilumina minha mente e fortalece meu coração.

"De agora em diante não vos afasteis do Senhor, servi-o de todo o coração. Não vos extravieis atrás de ídolos que não vos podem valer nem salvar, porque não são coisa alguma. O Senhor não abandona o seu povo por causa de seu grande Nome, porque lhe aprouve fazer de vós seu povo. Temei, então, ao Senhor e servi-o fielmente de todo o coração, porque vistes as grandes coisas que fez por vós".
(1 Samuel 12,24)

É muito comum escutarmos expressões assim: "dar atenção", "prestar atenção", "falta de atenção". Quando se vai ao médico e há uma satisfação com o atendimento, diz-se que ele foi muito atencioso. A atenção, portanto, expressa consideração, cortesia, gentileza, solicitude, acolhida, boa vontade.

Quando somos atenciosos com alguém, procuramos nos colocar em seu lugar. É o que chamamos de empatia, ou seja, nos identificamos com a outra pessoa. Da capacidade de identificação com alguém é que nasce a condição básica para que o amor se desenvolva com mais profundidade.

Colocar temporariamente os interesses e emoções do outro em primeiro lugar e deixar de lado, até mesmo sacrificar, os próprios sentimentos e desejos, ocorre quando nos identificamos com as pessoas que amamos. O amor é assim, atende e cuida do outro, antes mesmo de atender a si mesmo e deixar-se cuidar.

A identificação nos faz compartilhar da ajuda e da satisfação que oferecemos. Assim, desfrutamos do que oferecemos. Ao dar, eu também recebo. Lembremo-nos da oração atribuída a São Francisco de Assis, que diz que é dando que se recebe. E São Paulo nos recorda que *"Deus ama a quem dá com alegria"* (2Cor 9,7).

Cuidado e amor ajudam a recriar situações e curar pessoas feridas e fragilizadas. O que ofereço é também o que desejo para mim. Dar atenção é gesto recíproco. Cuidar verdadeiramente de alguém traz sempre paz ao coração.

São José nos ajuda a compreender o que é ter um coração atencioso. Era um homem justo, buscava sempre a vontade de Deus. Sua vida com Maria e Jesus é vivida na simplicidade, em família, na cidade, na carpintaria, no templo, na oração, na obediência a Deus e à sua Palavra. Era um pai presente, responsável, cuidando do que Deus lhe confiou. Um exemplo a ser imitado, especialmente em nossos dias, em que muitos pais abandonam seus filhos para irem em busca de uma falsa felicidade, querendo satisfazer seus próprios interesses.

São José é o homem dos sonhos. Ele nos inspira a sonhar com os olhos abertos. Faremos bem em confiar a ele os nossos problemas ou alguma dificuldade que nos aflige, e pedir que apresente nossa realidade a seu Filho, Jesus. Ele, como um pai atencioso, vai encaminhar e cuidar dos nossos problemas.

Termino este meu tempo de oração dispondo-me à vontade de Deus, rezando:

Pai Nosso que estais no céu...

Ó Coração de Jesus, sei que estais comigo. Experimento diariamente a força do vosso amor que, como mãe, cuida de seus filhos. Fazei que meu coração se incline sempre para Vós e para aqueles que mais precisam de cuidado e atenção. Que eu cresça sempre mais na confiança de me saber amado por Vós. Amém.

+ Coração de Jesus que tanto nos amais,
Fazei com que eu vos ame cada vez mais!

+ Louvado Seja Nosso Senhor Jesus Cristo!
Para sempre seja louvado!

11. QUERO TER UM CORAÇÃO FORTE

+ Abri, Senhor, os meus lábios,
E minha boca anunciará vosso louvor!

+ Jesus, manso e humilde de coração,
Fazei o nosso coração semelhante ao vosso!

Acolho a Palavra de Deus que ilumina minha mente e fortalece meu coração.

"Eu lhes darei um outro coração e porei um espírito novo no seu interior; tirarei seu coração de pedra e lhes darei um coração de carne. Assim, obedecerão às minhas leis e prescrições e as porão em prática. Serão o meu povo e serei para eles seu Deus." (Ezequiel 11,19-20)

A fortaleza é uma virtude que consiste em derrotar o medo e fugir do receio. É, portanto, uma postura de firmeza perante as dificuldades e de constância na busca do bem e da justiça. É um dom do Espírito Santo a ser pedido. Na Sagrada Escritura, Deus é apresentado como a fortaleza de quem acredita: Ele é como um lugar de proteção, mas é também a força que encontramos nos momentos de crise. Deus está sempre pronto a apoiar-nos em nossa fraqueza.

Pelo dom da fortaleza, o Espírito Santo nos dá não apenas o que podem alcançar as forças humanas, mas também a força divina para isso. É essa força de Deus que pode transformar os obstáculos em meios; é ela que dá tranquilidade e paz mesmo nas horas mais difíceis; é ela que nos faz enxergar a luz no fim do túnel; é ela que não nos deixa desistir de viver; é ela que nos permite encontrar forças para superar qualquer problema que se apresente diante de nós.

Pelo dom da fortaleza, Deus nos dá a coragem necessária para enfrentar as tentações, os momentos difíceis e complicados da vida, e também firmeza nas perseguições e tribulações causadas por nosso testemunho cristão neste mundo. A fortaleza cristã sustenta a fidelidade dos mártires desde sempre!

Além da troca de coração que nos sugere o texto do profeta Ezequiel, há nos Evangelhos uma parábola de Jesus que nos ajuda a compreender a importância de ser forte para dar os frutos que o Reino precisa: *"Um semeador sai para semear, mas nem toda semente espalhada dá fruto. As que caem pelo caminho são comidas pelos pássaros; as que caem em terreno rochoso ou no meio de espinhos, logo secam ou são sufocadas pelos espinhos. Somente as que foram lançadas em terreno bom podem crescer e dar fruto".*

Como o próprio Jesus explica aos seus discípulos, este semeador representa o Pai, que espalha abundantemente a semente da sua Palavra. A semente muitas vezes encontra a aridez do nosso coração e, mesmo quando é acolhida, corre o risco de permanecer estéril. É preciso preparar o terreno, que somos nós, para fazer a semente frutificar em nós.

Com o dom da fortaleza, o Espírito Santo prepara o terreno do nosso coração, libertando-nos das incertezas e dos nossos medos, de modo que a Palavra do Senhor seja colocada em prática, de modo autêntico e alegre. É uma verdadeira ajuda que nos livra de tantos impedimentos e nos abre à vontade de Deus.

Termino este meu tempo de oração dispondo-me à vontade de Deus, rezando:

Pai Nosso que estais no céu...

Senhor meu Deus, quero confiar ao Coração de vosso Filho, Jesus, as preocupações e fadigas de todas as pessoas. Ajudai-as a ser fortes nas adversidades e concedei-lhes a força do vosso Espírito para sustentá-las nos momentos de dor e sofrimento. Amém.

+ Coração de Jesus que tanto nos amais,
Fazei com que eu vos ame cada vez mais!

+ Louvado Seja Nosso Senhor Jesus Cristo!
Para sempre seja louvado!

12. QUERO TER UM CORAÇÃO FIEL

+ Abri, Senhor, os meus lábios,
E minha boca anunciará vosso louvor!

+ Jesus, manso e humilde de coração,
Fazei o nosso coração semelhante ao vosso!

Acolho a Palavra de Deus que ilumina minha mente e fortalece meu coração.

"Se vierem a se converter a ti de todo o seu coração e de toda a sua alma, no país dos inimigos que os levaram cativos, e rezarem a ti, voltados na direção da terra que deste aos seus pais, da cidade que escolheste e do Templo que edifiquei ao teu Nome, atende do céu, do lugar de tua morada, à sua prece e súplica, e faze-lhes justiça, perdoando a teu povo tudo o que cometeu contra ti, todas as transgressões de que foram culpados." (1Reis 8,48-49a)

Fiel é um adjetivo de dois gêneros que significa leal, sincero, íntegro. Fiel é alguém que age com fidelidade e que cumpre as suas promessas. Fiel é quem não muda seu comportamento, quem é firme, constante e perseverante. É um amigo certo, ou aquele que não mantém ligações amorosas senão com a pessoa com quem se comprometeu. É aquele que mantém fidelidade. Na celebração do matrimônio, os noivos prometem amor e fidelidade um ao outro para a eternidade.

Fiel significa também tudo aquilo que é exato, verídico: narração fiel ou história fiel. O termo fiel é usado ainda quando se faz referência ao que é idêntico: cópia fiel. Fiel também se diz de quem segue uma doutrina religiosa ou é membro de uma determinada Igreja. É aquele que professa uma religião.

As pessoas fiéis são leais e, acima de tudo, de índole honesta. Elas se guiam por um código que está sempre em sintonia com seus valores, mas também com o comprometimento respeitoso com o outro. Nas suas relações não cabem traições, mentiras ou atitudes interesseiras.

O filófoso Sêneca dizia que a lealdade parte da confiança. As pessoas leais são respeitosas com seus próprios princípios e agem sendo fiéis ao que consideram correto. Se confio no outro, sou capaz de abrir para ele a porta da lealdade. A fidelidade brota dessa amálgama de lealdade e confiança.

A relação com Deus só é possível também nesse espaço de confiança e lealdade. Confiar em Deus é ir adiante, sem se apoiar no que se vê e nas próprias certezas. Deus não é alguém para quem mentir, pois sua Palavra é a verdade. *"O homem que confia em si mesmo, nas próprias riquezas ou ideologias está destinado à infelicidade. Quem confia no Senhor, em vez disso, dá frutos mesmo em tempos de seca"*, nos ensina o Papa Francisco.

A fidelidade contribui para não desperdiçarmos ou gastarmos nossa energia emocional ou intelectual de qualquer jeito. O ser humano, quanto mais inteligente, mais inclinado deve estar para as grandes preocupações da humanidade. É bom deixar de lado as situações que desestabilizam nossas vidas, reservando nossas forças para as ações mais complexas.

Termino este meu tempo de oração dispondo-me à vontade de Deus, rezando:

Pai Nosso que estais no céu...

Coração de Jesus, fornalha ardente de caridade, concedei-nos viver unidos a vós. Dai-nos um espírito de firmeza, para que vosso amor fiel resplandeça em nossos gestos. Que o vosso exemplo de doação seja para nós um estímulo e um convite permanente à conversão e à prática do amor aos demais. Amém.

+ Coração de Jesus que tanto nos amais,
Fazei com que eu vos ame cada vez mais!

+ Louvado Seja Nosso Senhor Jesus Cristo!
Para sempre seja louvado!

13. QUERO TER UM CORAÇÃO VENCEDOR

+ Abri, Senhor, os meus lábios,
E minha boca anunciará vosso louvor!

+ Jesus, manso e humilde de coração,
Fazei o nosso coração semelhante ao vosso!

Acolho a Palavra de Deus que ilumina minha mente e fortalece meu coração.

"Lembra-te de todo o caminho pelo qual o Senhor te conduziu através do deserto, durante quarenta anos, para te humilhar e para te provar, para saber o que tu tinhas no coração e se tu observarias ou não os seus mandamentos. Ele te humilhou e te fez passar fome, nutriu-te com o maná, que não conhecias, nem tu, nem teus pais, para te ensinar que o homem não vive só de pão, mas de tudo o que procede da boca do Senhor." (Deuteronômio 8,2-3)

Geralmente se confunde o que é ser um vencedor com ser um profissional ou uma pessoa arrogante. Ser bem-sucedido exige exatamente o inverso: para atingir e se manter numa posição de destaque é imprescindível ter respeito aos demais. O verdadeiro vencedor sabe demonstrar sua gratidão por quem o ajudou a chegar ao ponto em que está. Para ser vencedor é preciso ter determinação, competência, humildade e paixão pela vida e pela sua profissão.

O verdadeiro vencedor procura manter atitudes positivas diante da vida. O segredo do êxito é estar alinhado aos fatores positivos da vida. Mesmo sabendo que nem sempre é fácil se manter otimista diante dos acontecimentos que nos atingem todos os dias, o otimismo é peça-chave para se entrar em sintonia com a dinâmica que gera êxito diante dos combates que devemos travar no dia a dia.

É muito importante encontrar meios para vencer os obstáculos que surgem no caminho de quem está buscando a vontade divina. Deus é uma Fonte inesgotável que nos criou para crescermos sempre, e nos dá forças para superarmos os desafios que a vida nos apresenta. O vencedor é quem não desiste. Mesmo que haja cansaço, que o ritmo diminua, que dê vontade de voltar atrás, o importante é seguir adiante. Na verdade, vencedor não é quem vence, mas quem prossegue na labuta diária. São Paulo nos recorda que já está reservada no céu a coroa da justiça que o próprio Cristo vai colocar em nossa cabeça. Essa coroa é o prêmio pela acolhida da graça divina nos afazeres de nossa vida.

Há um teste muito simples para medir a temperatura da busca de cada um: pergunte a si mesmo se acredita no sentido de sua própria vida, se aceita com alegria a sua vida. Depois, pergunte se aceita a vida ao redor de si e se faz alguma coisa para que ela se torne um pouco melhor. Dessas respostas depende se o Coração de Cristo vencedor da morte, ressuscitado pelo Pai, realmente está pulsando em você. Cristo é vencedor pela sua cruz!

Não fuja dos seus problemas. Enfrente os obstáculos de frente e de cabeça erguida. Ninguém vence, se não luta. O vencedor maior é aquele que nasce do alto, como Jesus sugeriu a Nicodemos.

Termino este meu tempo de oração dispondo-me à vontade de Deus, rezando:

Pai Nosso que estais no céu...

Coração de Jesus, transpassado pela lança, socorrei aqueles que foram feridos pela lança da opressão: os menores carentes, os idosos esquecidos, os pobres e marginalizados. Isso vos pedimos pelo sangue e pela água que jorraram do vosso corpo na Cruz. Amém.

+ Coração de Jesus que tanto nos amais,
Fazei com que eu vos ame cada vez mais!

+ Louvado Seja Nosso Senhor Jesus Cristo!
Para sempre seja louvado!

14. QUERO TER UM CORAÇÃO ACOLHEDOR

+ Abri, Senhor, os meus lábios,
E minha boca anunciará vosso louvor!

+ Jesus, manso e humilde de coração,
Fazei o nosso coração semelhante ao vosso!

Acolho a Palavra de Deus que ilumina minha mente e fortalece meu coração.

"Jesus entrou em Jericó e atravessava a cidade. Aconteceu que um homem chamado Zaqueu, um dos chefes dos cobradores de impostos, e rico, queria ver quem era Jesus, mas não conseguia por causa da multidão e porque era pequeno. Então correu adiante e subiu numa árvore para ver Jesus, que devia passar por ali. Quando chegou àquele lugar, Jesus olhou para cima e lhe disse: 'Zaqueu, desce depressa, porque hoje preciso ficar na tua casa'. Ele desceu depressa e o recebeu com alegria. Vendo isso, todos murmuravam: 'Foi hospedar-se na casa de um pecador!' Mas Zaqueu, de pé diante do Senhor, disse-lhe: 'Senhor, dou a metade dos meus bens aos pobres. E se extorqui alguma coisa de alguém, vou lhe restituir quatro vezes o seu preço'. Jesus então disse: 'Hoje entrou a Salvação nesta casa, porque este também é filho de Abraão. Porque o Filho do homem veio procurar e salvar o que estava perdido'." (Lucas 19,1-10)

Acolher é sempre um gesto de amor, mostra interesse pelo outro. Zaqueu procura Jesus porque andava insatisfeito com tudo: consigo mesmo, com os outros, com os negócios, com os cobradores de impostos. Não lhe bastavam o dinheiro que tinha nem a posição social.

Zaqueu quer ver Jesus. É visto pelo Mestre, que se oferece para hospedar-se em sua casa. Ele acolheu Jesus em sua casa e o fez com muita alegria. Com certeza, um encontro marcado por boa comida e muito vinho. Dizem os antigos que o vinho amolece o coração. Não foi bem o que aconteceu com Zaqueu. A presença de Jesus é que muda tudo em sua vida. Resolve distribuir metade de seus bens, restituir quatro vezes mais aos que roubou. Verdadeiramente, Zaqueu soube bem acolher o Mestre e a Salvação entrou em sua vida. Seu coração inquieto está agora repleto de paz.

Mas a iniciativa é de Jesus. O fato de Zaqueu deixar Jesus entrar na sua casa implicava uma reviravolta radical na sua vida. Teria muito a renunciar e muito a sofrer. Quantas vezes a nossa decisão de seguir a Jesus é precedida por dúvidas e sofrimentos. Quantos se voltaram para Jesus com os olhos banhados em lágrimas. Quando somos marcados com o sinal-da-cruz, Cristo não pretende deixar-nos onde estamos, mas levar-nos a uma vida nova.

São Lucas não dá nenhuma informação se Zaqueu era casado, se tinha filhos. Considerando que os tivesse, podemos imaginar a transformação que ele mesmo teria promovido neles após a sua conversão. Quem se converte não se converte sozinho. A conversão e a santidade crescem como uvas, em cachos. Quem verdadeiramente acolhe a graça de Deus e deixa-se acolher por Cristo não permanece do mesmo jeito.

Termino este meu tempo de oração dispondo-me à vontade de Deus, rezando:

Pai Nosso que estais no céu...

Ó Cristo Jesus, respondendo ao sacrifício de vossa vida, queremos hoje seguir o caminho do amor, amando-vos e servindo-vos na pessoa de nossos irmãos. Queremos acolher sobretudo os que estão abandonados e os que mais sofrem pelo desprezo e a falta de cuidado. Ajudai-nos com vossa graça. Amém.

+ Coração de Jesus que tanto nos amais,
Fazei com que eu vos ame cada vez mais!

+ Louvado Seja Nosso Senhor Jesus Cristo!
Para sempre seja louvado!

15. QUERO TER UM CORAÇÃO COMPROMETIDO

+ Abri, Senhor, os meus lábios,
E minha boca anunciará vosso louvor!

+ Jesus, manso e humilde de coração,
Fazei o nosso coração semelhante ao vosso!

Acolho a Palavra de Deus que ilumina minha mente e fortalece meu coração.

"Um homem de posição lhe perguntou: 'Bom Mestre, que devo fazer para herdar a vida eterna?' Jesus lhe respondeu: 'Por que me chamas bom? Ninguém é bom senão Deus. Conheces os mandamentos: Não cometerás adultério, não matarás, não furtarás, não dirás falso testemunho, honrarás pai e mãe'. Ele respondeu: 'Observo tudo isso desde a minha mocidade'. Depois de ouvi-lo, Jesus disse: 'Ainda te falta uma coisa: vende tudo o que tens, reparte com os pobres e terás um tesouro nos céus. Depois vem e segue-me'." (Lucas 18,18-22)

Quando Santa Teresinha passou por uma crise de tentações sobre o sentido da sua vida religiosa, enclausurada no Carmelo, abriu certo dia a Bíblia, aleatoriamente. Seus olhos pousaram sobre a comparação paulina do Corpo místico de Cristo, que é a Igreja. Então ela exclamou com uma exultação quase triunfal: *"Afinal, encontrei a minha vocação! Se a Igreja é o Corpo de Cristo, ela também tem um coração. Pois bem, no coração de minha mãe, a Igreja, eu serei o amor!"*

A partir dessa experiência de Santa Teresinha, vamos aprofundar o sentido de compromisso e comprometimento. A palavra comprometimento tem origem no termo latino *compromissus*, e indica o ato de fazer uma promessa recíproca. Ter compromisso significa assumir responsabilidade com outra pessoa e se manter focado em realizar o acordado para não desonrar sua palavra. Por sua vez, estar comprometido significa se envolver completamente com a atividade em questão por ter um interesse real em concretizá-la.

Cumprir com a sua palavra deixa de ser apenas uma responsabilidade para ser um desejo, como no caso de Santa Teresinha. É evidente que tudo aquilo que realizamos por interesse intrínseco tende a ser mais bem feito e trazer melhores resultados. Para deixar mais claro, pense em coisas que você faz por ter se responsabilizado com outra pessoa e coisas que faz simplesmente porque quer fazer.

Em muito casos, o comprometimento está relacionado com crenças, objetivos e valores pessoais. Para que uma pessoa se comprometa com uma causa, por exemplo, é necessário que a mesma a toque profundamente, como um jovem que escolhe deixar tudo para ser padre ou uma jovem que deixa a família para consagrar sua vida em um convento. Os votos religiosos são também chamados de compromissos: pobreza, castidade e obediência. São professados a Cristo e pelo Reino. Não se mantém um compromisso somente com boa vontade, será preciso manter a chama acesa. Mesmo que em algum momento se possa esfriar ou decair, é importante não deixar esgotar o combustível.

Termino este meu tempo de oração dispondo-me à vontade de Deus, rezando:

Pai Nosso que estais no céu...

Sagrado Coração de Jesus, despertai nosso coração para as necessidades dos irmãos. Dai-nos sabedoria e fortaleza para proclamar vosso amor a quem mais precisa. Queremos transformar o mundo ao nosso redor. Queremos convosco ser profetas da justiça, da reconciliação e da paz. Amém.

+ Coração de Jesus que tanto nos amais,
Fazei com que eu vos ame cada vez mais!

+ Louvado Seja Nosso Senhor Jesus Cristo!
Para sempre seja louvado!

16. QUERO TER UM CORAÇÃO VERDADEIRO

+ Abri, Senhor, os meus lábios,
E minha boca anunciará vosso louvor!

+ Jesus, manso e humilde de coração,
Fazei o nosso coração semelhante ao vosso!

Acolho a Palavra de Deus que ilumina minha mente e fortalece meu coração.

"Apenas tomai cuidado em cumprir exatamente os mandamentos e a Lei que Moisés, servo do Senhor, vos prescreveu: amar o Senhor, vosso Deus, segui-lo em todos os caminhos, observar seus mandamentos e permanecer unido a ele, servindo-o de todo o vosso coração e de toda a vossa alma." (Josué 22,5)

A pergunta de Pilatos sobre o que é a verdade provocou silêncio em Jesus. Pilatos não era capaz de compreender, pois não acreditava na verdade de Jesus, na verdade que é o Mestre. O mandamento maior, proposto por Jesus, de amar a Deus e ao próximo, é o parâmetro cristão para viver a verdade e ser verdadeiro. A verdade pede sinceridade e ausência de toda mentira. É o próprio Jesus quem afirma que, conhecendo a verdade seremos livres, pois a verdade liberta.

A verdade dos fatos exerce grande importância no julgamento das nossas ações. Quando uma verdade deixa dúvidas, é imprescindível verificar sua veracidade, que pode ou não incriminar um indivíduo. Não poucas vezes nos deparamos com casos de pessoas que ficam anos encarceradas injustamente.

A busca permanente pela verdade é uma das características do ser humano. Ele tem desejo de comprovar a veracidade dos fatos e de distinguir o verdadeiro do falso. Desde a infância começamos nossa aventura de busca pela verdade; tal aventura permanece ao longo da vida. Ninguém pode dizer que já sabe tudo e muito menos que não precisa reconhecer a verdade dos outros. Devemos considerar que todo ser humano possui uma dignidade inalienável; essa é uma verdade universal da natureza humana, que independe de qualquer cultura ou transformação social.

Falar a verdade e vivê-la nos liberta. Faltar com a verdade é sempre prejudicial, tanto para quem fala quanto para quem ouve. A verdade é ponte para minha própria identidade e envolve a minha realidade. Quando sou verdadeiro, as pessoas me apreciam por quem sou em essência. A verdade abre portas e janelas, sem ser necessário agir com fingimentos. Quem age com mentiras e camuflagens corre sempre o risco de ser desmascarado e de se frustrar. Por mais que custe e doa, só a verdade é capaz de promover a paz e proporcionar tranquilidade ao coração.

Ser verdadeiro significa ser autêntico. É não ter medo de se expressar e agir de acordo com o que acredita. Essa é a melhor maneira de atrair para si apenas o que lhe acrescenta, sem precisar fingir ou interpretar nada. Para vencer o medo e viver a verdade é preciso: conhecer a própria verdade, reconhecer suas falhas, libertar-se dos medos, não querer agradar a todos, ter satisfação de ser quem se é.

Termino este meu tempo de oração dispondo-me à vontade de Deus, rezando:

Pai Nosso que estais no céu...

Deus eterno e bondoso, do Coração de Vosso Filho jorraram rios de misericórdia e graça. Que esta fonte inunde o mundo, e que Jesus se torne o centro de todos os corações. Isso vos pedimos por Cristo, vosso Filho, na unidade do Espírito Santo. Amém.

+ Coração de Jesus que tanto nos amais,
Fazei com que eu vos ame cada vez mais!

+ Louvado Seja Nosso Senhor Jesus Cristo!
Para sempre seja louvado!

17. QUERO TER UM CORAÇÃO ARREPENDIDO

+ Abri, Senhor, os meus lábios,
E minha boca anunciará vosso louvor!

+ Jesus, manso e humilde de coração,
Fazei o nosso coração semelhante ao vosso!

Acolho a Palavra de Deus que ilumina minha mente e fortalece meu coração.

"Põe, Senhor, uma guarda à minha boca, vigia a porta dos meus lábios. Não deixes que meu coração se incline ao mal e pratique a maldade com os pecadores; que eu não prove de seus manjares. Não permitas que eu tome parte nos festins dos homens que praticam o mal... Para ti, Senhor, meu Deus, estão voltados os meus olhos; em ti me refugio, não deixes que minha vida se perca." (Salmos 141,3-4.8)

O arrependimento é o pesar ou o remorso que uma pessoa sente por algo que tenha feito, dito ou deixado de fazer, de dizer. Quem se arrepende muda de opinião, deixa de ser conivente com a maldade e com compromissos espúrios. Nossa reação diante do erro pode ser de arrependimento ou de culpa.

O arrependimento está intimamente ligado ao nível de consciência da própria responsabilidade nos fatos ocorridos, em geral a partir dos erros e acertos a que estamos submetidos. O arrependimento deixa aberta a possibilidade da reconciliação, do perdão, do começar de novo, do refazer o caminho e crescer com os próprios erros.

O sentimento de culpa, por outro lado, está mais voltado para a punição e o remorso, impedindo o arrependimento e levando a pessoa direto para a autopunição, sem qualquer possibilidade de recomeço. Muitas pessoas ainda acreditam que Deus castiga, que se afasta de nós, que envia para o inferno.

Diante do arrependimento e da culpa temos de buscar coragem consciente, agir com o coração, para vencer nosso orgulho e entregarmo-nos à confiança do Deus amoroso que cuida de nós. É necessário motivação para agir sempre com sentimento verdadeiro de amor, de acolhimento, de disposição para aprender, de coerência com sua verdade mais íntima. Agindo assim, vamos continuar nossa jornada no caminho de transformação da vida humana.

É no espelho da misericórdia divina que podemos entender tudo isso. No início da Carta do Jubileu da Misericórdia o Papa Francisco nos convida a contemplar esse grande mistério: *"A misericórdia é a lei fundamental que mora no coração de cada pessoa, quando vê com olhos sinceros o irmão que encontra no caminho da vida. Misericórdia é o caminho que une Deus e os homens, porque nos abre o coração à esperança de sermos amados para sempre, apesar da limitação do nosso pecado".*

O perdão nos põe de pé. Antes de confessar os pecados, devemos reconciliar-nos com quem ofendemos e com quem nos ofendeu. Perdoar é abrir as portas do coração para limpar as manchas da maldade.

Termino este meu tempo de oração dispondo-me à vontade de Deus, rezando:

Pai Nosso que estais no céu...

Amado Jesus, aqui estou como servo indigno, mas amado por Vós, desejoso da reabilitação que brota do vosso Coração manso e humilde. Como a ovelha perdida, eu busco o meu Pastor. Confio-me aos vossos braços, que me acolhem e sustentam. Inclino minha cabeça sobre o vosso Coração para querer somente o que for da vossa vontade com amor puro e generoso. Amém.

+ Coração de Jesus que tanto nos amais,
Fazei com que eu vos ame cada vez mais!

+ Louvado Seja Nosso Senhor Jesus Cristo!
Para sempre seja louvado!

18. QUERO TER UM CORAÇÃO APAIXONADO

+ Abri, Senhor, os meus lábios,
E minha boca anunciará vosso louvor!

+ Jesus, manso e humilde de coração,
Fazei o nosso coração semelhante ao vosso!

Acolho a Palavra de Deus que ilumina minha mente e fortalece meu coração.

"Por isso eu vou seduzi-la: eu a levarei para o deserto e lhe falarei ao coração. É aí que lhe restituirei as suas vinhas, e transformarei o Vale da Desgraça em uma Porta da Esperança. Aí, ela responderá como nos dias de sua juventude, como no tempo em que ela subia da terra do Egito." (Oseias 2,16-17)

Deus, o Pai de Jesus e nosso Pai, quer que sua compaixão no mundo continue em nós e através de nós, discípulos do Senhor. Ele nos convida a olhar a humanidade com seu olhar e agir com os sentimentos do Coração de Jesus. Somos enviados, como servidores da missão de Cristo, às fronteiras da existência humana, ali onde homens e mulheres sofrem injustiça, para ajudar a sustentar e curar todos os que tenham o coração ferido.

Caso estejamos limitados por alguma doença ou impedidos fisicamente; ou quando nos sintamos incapazes de mudar as estruturas injustas do mundo ao nosso redor, participamos da missão de Cristo, fazendo nosso o olhar compassivo de Deus para com todos os nossos irmãos e irmãs. Uma vez que fomos tocados pela compaixão de Deus podemos oferecê-la aos outros. É a nossa resposta ao seu amor por nós, nossa reparação de amor.

E devemos ir para além das fronteiras visíveis da Igreja, porque onde houver compaixão, aí está o Espírito de Deus. Queremos andar de braços dados com todos aqueles que, em diferentes culturas ou tradições religiosas, são dóceis ao Espírito e se mobilizam para aliviar o sofrimento dos mais fracos.

E nos deixamos guiar pela (com)paixão. A paixão é um sentimento humano intenso e profundo, marcado pelo grande interesse e atração da pessoa apaixonada por algo ou alguém. A paixão é capaz de alterar aspectos do comportamento e pensamento da pessoa, que passa a demonstrar um excesso de admiração por aquilo que lhe causa paixão. Imaginemos o Coração de Jesus que se deixava atingir por tantos sentimentos, rostos, realidades das pessoas que dele se aproximavam.

Em geral, quando alguém está apaixonado, pensa constantemente no alvo de sua paixão, sente uma grande felicidade quando estão juntos. Viver positivamente apaixonado possibilita uma vida emocionante, entusiasmada, cheia de propósito, focada, motivada, gratificante, divertida, fácil, alegre, sem limites. A paixão é o modo como você escolhe viver, ou seja, viver de acordo com a escolha feita e a missão assumida.

Desejar ter um coração apaixonado por Jesus é procurar identificar e querer os mesmos sentimentos que ocupavam o coração de Cristo. As bem-aventuranças oferecem dicas para que nosso coração se apaixone sempre mais pelo Senhor.

Termino este meu tempo de oração dispondo-me à vontade de Deus, rezando:

Pai Nosso que estais no céu...

Ó Deus de amor, dai-me a graça de vos encontrar sempre de braços abertos para acolher o oferecimento de minha pessoa, que amais apaixonadamente. Quero reclinar minha cabeça no peito do vosso Filho amado, pois sei que também sou um discípulo que Jesus ama. Fazei arder em meu peito um coração apaixonado pelo Reino. Amém.

+ Coração de Jesus que tanto nos amais,
Fazei com que eu vos ame cada vez mais!

+ Louvado Seja Nosso Senhor Jesus Cristo!
Para sempre seja louvado!

19. QUERO TER UM CORAÇÃO DISPONÍVEL

+ Abri, Senhor, os meus lábios,
E minha boca anunciará vosso louvor!

+ Jesus, manso e humilde de coração,
Fazei o nosso coração semelhante ao vosso!

Acolho a Palavra de Deus que ilumina minha mente e fortalece meu coração.

"Incorporai-vos a ele que é a pedra viva, rejeitada pelos homens, mas escolhida e preciosa aos olhos de Deus. Também vós sois como pedras vivas. Sois erigidos em um templo espiritual para um sacerdócio santo, a fim de oferecer vítimas espirituais agradáveis a Deus por Jesus Cristo... Vós, porém, constituís uma geração escolhida, um sacerdócio régio, uma gente santa, um povo conquistado, a fim de proclamar as grandezas daquele que das trevas vos chamou para a sua luz admirável." (1Pedro 2,4-5.9)

Disponibilidade é a condição ou qualidade de alguém que se dispõe a assumir determinados compromissos, funções ou obrigações. Há também a ideia de disponibilidade utilizada para indicar a liberdade de tempo que determinada pessoa possui para executar qualquer tipo de tarefa que lhe for solicitada.

No horizonte da fé, a atitude interior de disponibilidade apostólica é fruto do amor. Nasce de uma relação pessoal, íntima e afetiva com Jesus Cristo crucificado e ressuscitado. Nela eu me descubro amado e ofereço minha disponibilidade como resposta de amor.

Para nos ajudar a viver essa disponibilidade para a missão de Cristo, até mesmo nas pequenas coisas de cada dia, somos chamamos a caminhar com Cristo e a deixar-nos iluminar por Ele, como os discípulos de Emaús, acolhendo o sopro do Espírito Santo que trabalha para unir a nossa vida e o nosso coração à vida e ao Coração de Jesus, e oferecendo-lhe tudo o que somos e temos.

Uma disponibilidade assim é resultado da decisão livre e consciente de estarmos em sintonia com Deus, pelo oferecimento diário de nossa vida, pela meditação da Palavra, pela oração, pela caridade. Nosso modo de vida, nosso jeito de amar, nossos exemplos, palavras e testemunho podem ajudar as pessoas a aproximarem-se de Deus. Como dizia Madre Teresa de Calcutá, *"Não devemos permitir que alguém saia da nossa presença sem se sentir melhor e mais feliz"*.

Nossa disponibilidade espiritual e prática é uma declaração ao Senhor da nossa parceria plena com Ele. Queremos que Ele esteja em tudo o que fazemos. Quando nos colocamos de verdade à sua disposição, seguimos a sua orientação e Ele nos guia conforme seu propósito para o serviço de sua Maior Glória, qual seja, amar e servir para que a vida de todos seja valorizada.

A pessoa disponível é aquela que está sempre olhando para as necessidades dos demais. Não fica centrada em si mesma, mas sabe-se uma pedrinha que faz a diferença na beleza do mosaico.

Termino este meu tempo de oração dispondo-me à vontade de Deus, rezando:

Pai Nosso que estais no céu...

Senhor, quero oferecer-vos a mim mesmo: meus olhos, meus ouvidos, minha boca e todos os meus sentidos. Ofereço também a minha memória, minha inteligência, minha vontade e inteiramente todo o meu ser, sem nenhuma reserva de nada. Tudo recebi de vossa bondade e tudo devolvo como prova de amor. Ajudai-me a ser sempre mais disponível à vossa missão. Amém.

+ Coração de Jesus que tanto nos amais,
Fazei com que eu vos ame cada vez mais!

+ Louvado Seja Nosso Senhor Jesus Cristo!
Para sempre seja louvado!

20. QUERO TER UM CORAÇÃO PERSEVERANTE

+ Abri, Senhor, os meus lábios,
E minha boca anunciará vosso louvor!

+ Jesus, manso e humilde de coração,
Fazei o nosso coração semelhante ao vosso!

Acolho a Palavra de Deus que ilumina minha mente e fortalece meu coração.

"Feliz aquele que permanece na Sabedoria, que medita na justiça e que, com sensatez, conta com Deus, que tudo vê. Feliz quem repassa no coração os caminhos da Sabedoria, que penetra com a inteligência os seus segredos e vai atrás dela como quem lhe segue o rastro, percorrendo as suas veredas." (Eclesiástico 14,22-23)

A palavra perseverança vem do latim. Perseverança vem de perseverar, que é manter-se firme, formada pelo prefixo *per*, que significa totalmente, acrescido de *severus*, que corresponde àquilo que é sério.

A palavra perseverança representa força, coragem e obstinação. É uma qualidade de quem persiste, que tem constância nas suas ações e não desiste diante das dificuldades, mas segue em frente para alcançar seus objetivos, mantendo-se firme e fiel a seus ideais e propósitos. Sabemos, entretanto, que perseverar em meio às dificuldades é um desafio muito mais exigente.

A perseverança é uma qualidade que aparece frequentemente ligada à fé e à sabedoria. Ser perseverante é característica de quem segue a Jesus mesmo nas dificuldades e tentações, procurando sempre fazer o bem.

A perseverança é muito importante para se ter sucesso na vida. Ter determinação para trabalhar duro, independentemente de qualquer coisa, é insistir e ser firme em fazer algo e não desistir. É importante lembrar que nem sempre as coisas acontecem do nosso jeito, e é perseverando e persistindo que se torna possível vencer e alcançar o sucesso.

Vamos imaginar, por exemplo, que Alberto Santos-Dumont, o pai da aviação, tivesse desistido logo na primeira vez em que falhou. Talvez essa invenção maravilhosa e que faz parte das nossas vidas até hoje, encurtando distâncias e diminuindo o tempo de viagem, não tivesse sido inventada já em 1906. Tantas outras descobertas só foram possíveis pela insistência e perseverança de seus inventores! Abrir mão de um objetivo no qual se acredita nunca é uma boa solução; já perseverar até o fim, geralmente traz grandes recompensas. É o que afirma o escritor francês Victor Hugo: "*A perseverança é o segredo de todos os triunfos*".

Perseverar é encontrar novas oportunidades nas adversidades. Quando as coisas estão ruins, em crise, é o momento para as novidades, para buscar outros caminhos. Franklin Roosevelt, que foi presidente dos Estados Unidos da América por 12 anos, afirmou que: "*Quando você chegar ao fim de sua corda, dê um nó e agarre-se*". Perseverar é escolher e decidir: vou desistir e deixar-me cair ou vou esperar alguém que me salve? O perseverante é quem faz o que precisa ser feito, com garra e coragem, dá um nó e se agarra à chance de se salvar.

Termino este meu tempo de oração dispondo-me à vontade de Deus, rezando:

Pai Nosso que estais no céu...

Senhor nosso Deus, ao contemplarmos o Coração de vosso amado Filho, recordamos as maravilhas do vosso amor por nós. Fazei que recebamos desta fonte de vida divina a graça da fidelidade e da perseverança, sem desistirmos dos nossos bons propósitos. Amém.

+ Coração de Jesus que tanto nos amais,
Fazei com que eu vos ame cada vez mais!

+ Louvado Seja Nosso Senhor Jesus Cristo!
Para sempre seja louvado!

21. QUERO TER UM CORAÇÃO CONTEMPLATIVO

+ Abri, Senhor, os meus lábios,
E minha boca anunciará vosso louvor!

+ Jesus, manso e humilde de coração,
Fazei o nosso coração semelhante ao vosso!

Acolho a Palavra de Deus que ilumina minha mente e fortalece meu coração.

"Quando Israel era criança, eu o amei; e do Egito chamei o meu filho. Mas quanto mais eu os chamava, mais eles se afastavam de mim. Eu tinha ensinado Efraim a andar, pegava-o em meus braços, e não compreenderam que eu cuidava deles! Eu os atraía com atrativos humanos, com enlaçamentos de amor. Eu era, para eles, como os que erguem um bebezinho nos braços e o acarinham com seu rosto; eu me inclinava para ele e lhe dava de comer." (Oseias 11,1-4)

A contemplação cristã brota do encontro. O contemplativo é aquele que busca e encontra a presença de Deus em todas as coisas, como afirma Santo Inácio de Loyola na oração final dos *Exercícios Espirituais*.

Para o jesuíta Pierre Teilhard de Chardin, o amor de Cristo alarga-se até às dimensões do mundo, em uma irradiação de luz e fogo. Essa foi a sua experiência, em um dia de 1916, quando, entre dois ataques na linha de frente da batalha de Verdun, ele se refugia em uma capela e contempla, no meio do peito do Salvador, uma misteriosa mancha de cor púrpuro-dourada, a de seu divino Coração, uma fogueira ardente que abrasa o mundo inteiro.

Mais tarde, no seu escrito A Missa no Altar do Mundo, ele descreve tal experiência: *"Quando, há dois séculos, se começou a sentir em vossa Igreja a atração evidente de vosso Coração, poderia parecer que o que seduzia as pessoas era a descoberta, em Vós, de um elemento mais determinado, mais circunscrito do que vossa própria Humanidade. Ora, eis que agora, inversão repentina!, torna-*

se evidente que, pela 'revelação' de vosso Coração, quisestes sobretudo, Jesus, fornecer ao nosso amor o meio de escapar daquilo que havia de estreito demais, de preciso demais, de limitado demais, na imagem que fazíamos de Vós. No centro de vosso peito, não percebo outra coisa senão uma fornalha; e quanto mais eu fixo essa fornalha ardente, tanto mais me parece que tudo ao redor, até mesmo os contornos do vosso Corpo, desaparece para crescer além de toda medida, até que eu não distinga mais, em Vós, outros traços a não ser os da figura de um Mundo inflamado".

A contemplação não é só para os monges, é para todo mundo. É a maneira mais perfeita de ter contato com nossa verdade e com o Deus em que acreditamos. A contemplação orante é uma forma específica de oração. Não é a oração de petição, quando pedimos e insistimos com Deus quanto às coisas de que precisamos. É, a contemplação, a oração da mente e do coração como que em estado de lazer para absorver a beleza, a bondade e a verdade transcendente de Deus.

Termino este meu tempo de oração dispondo-me à vontade de Deus, rezando:

Pai Nosso que estais no céu...

Ó Sagrado Coração de Jesus, quero oferecer-vos minha capacidade de agradecer tantos dons e benefícios que tenho recebido. Fazei-me sempre um contemplativo na ação de cada dia, quero olhar o mundo e as pessoas com o vosso olhar. Ofereço-vos, a minha vontade sempre maior de vos acolher em meu coração. Amém.

+ Coração de Jesus que tanto nos amais,
Fazei com que eu vos ame cada vez mais!

+ Louvado Seja Nosso Senhor Jesus Cristo!
Para sempre seja louvado!

22. QUERO TER UM CORAÇÃO QUE AMA

+ Abri, Senhor, os meus lábios,
E minha boca anunciará vosso louvor!

+ Jesus, manso e humilde de coração,
Fazei o nosso coração semelhante ao vosso!

Acolho a Palavra de Deus que ilumina minha mente e fortalece meu coração.

"Se eu falasse as línguas dos homens e dos anjos, se não tivesse a caridade, seria um bronze que soa ou um sino que toca. E se tivesse o dom da profecia e conhecesse todos os mistérios e toda a ciência, e se eu tivesse toda a fé, a ponto de transportar montanhas, mas não tivesse a caridade, não seria nada. Ainda que distribuísse todos os meus bens para o sustento dos pobres, e entregasse o meu corpo para ser queimado, se não tiver caridade, isso não me serve de nada. A caridade é paciente; a caridade é bondosa; não é invejosa; a caridade não é arrogante, nem orgulhosa. Ela não faz o que é inconveniente, não busca o seu interesse, não se irrita, nem se julga ofendida. Não se alegra com a injustiça, mas se alegra com a verdade. Ela tudo perdoa, tudo crê, tudo espera, tudo suporta. A caridade nunca passará. Pelo contrário, as profecias vão desaparecer; as línguas vão acabar; a ciência desaparecerá. Agora vemos por espelho, de maneira confusa, mas então será face a face. Agora conheço de modo imperfeito, mas então conhecerei como sou conhecido. Agora estas três coisas permanecem: a Fé, a Esperança e a Caridade. Mas a maior delas é a caridade." (1Coríntios 13,1-8.12-13)

Amor é o sentimento de carinho e demonstração de afeto que se desenvolve entre seres humanos. Ele motiva a proteção e pode manifestar-se de diferentes formas: amor materno ou paterno, amor fraterno, amor à vida, amor pela natureza, amor altruísta, amor próprio, amor ágape.

O substantivo "amor" dá origem ao verbo "amar", que representa a ação do indivíduo que sente esse amor, estabelecendo uma relação entre quem ama e quem é amado. Amar é ter apreço por alguém e interesse em fazer o bem.

O amor também tem um papel social, alimentando tantas ações e sentimentos, como a solidariedade. A defesa da vida, o cuidado com as grandes causas do planeta e as ações de generosidade podem mudar nosso modo de ver o mundo e julgar as pessoas. O verdadeiro amor não espera nada em troca. No amor, o que se quer é reciprocidade e não recompensa.

O amor a Deus surge do sentimento religioso, de devoção e adoração. Amar a Deus é mandamento em muitas religiões, não só para o cristianismo. No ambiente cristão o amor se expressa na caridade, na capacidade de cuidar do outro.

Uma vez alguém, vendo Madre Teresa de Cálcutá dar banho em um leproso, disse-lhe que ele não faria isso nem por um milhão de dólares, ao que ela respondeu: *"O senhor não daria banho em um leproso nem por um milhão de dólares? Eu também não. Só por amor se pode dar banho em uma pessoa leprosa".*

Termino este meu tempo de oração dispondo-me à vontade de Deus, rezando:

Pai Nosso que estais no céu...

Senhor Jesus, Coração da humanidade e do mundo, realizais a salvação na doação total à vontade do Pai e despertando em nossos corações o amor ao Pai e aos irmãos. Uni-nos cada vez mais ao vosso amor, para que tudo seja recriado em Vós, que viveis e reinais para sempre. Amém.

+ Coração de Jesus que tanto nos amais,
Fazei com que eu vos ame cada vez mais!

+ Louvado Seja Nosso Senhor Jesus Cristo!
Para sempre seja louvado!

23. QUERO TER UM CORAÇÃO QUE PERDOA

+ Abri, Senhor, os meus lábios,
E minha boca anunciará vosso louvor!

+ Jesus, manso e humilde de coração,
Fazei o nosso coração semelhante ao vosso!

Acolho a Palavra de Deus que ilumina minha mente e fortalece meu coração.

"Revesti-vos de toda ternura, bondade, humildade, delicadeza e paciência, como escolhidos de Deus, seus santos e muito amados. Suportai-vos uns aos outros. Perdoai-vos mutuamente, sempre que alguém der a outro motivo de queixa. Como o Senhor vos perdoou, assim também Vós. Mas, sobretudo, distingui-vos pela caridade, que é o laço da perfeição. E a paz de Cristo reine em vossos corações, pois a ela fostes chamados para formar um só corpo. Enfim, vivei sempre agradecidos." (Colossenses 3,12-15)

Perdoar é importante, pois nos livra de maus sentimentos como o rancor, o ódio e a vingança. Não significa esquecer, mas sim, lembrar o ocorrido e permanecer em paz com o outro e consigo mesmo. Ao perdoar, é possível livrar-se do sentimento de amargura que pode nos aprisionar em uma memória negativa, desencadeando danos físicos, psíquicos e espirituais.

Há pessoas que permanecem ressentidas com outras e guardam uma mágoa contínua por muito tempo, o que é extremamente nocivo para ambos. Afinal, quem não perdoa, limita as suas possibilidades de amar. Não perdoar é como aprisionar alguém num quartinho escuro dentro de si.

O perdão é uma oportunidade para se libertar de experiências negativas do passado e seguir adiante. Perdoar é uma ação libertadora que simboliza a inteligência e permite o amadurecimento de uma pessoa. Não perdoar impede a chance de viver novas possibilidades e ter mais satisfação na vida pessoal. O exercício do perdão exige paciência e tempo. É um processo que vale a pena, pois liberta quem perdoa e quem é perdoado. A lembrança das experiências nocivas do passado já não afeta nosso presente e nem rouba a nossa paz interior.

Ainda que a injustiça sofrida tenha sido grande, ela não deve nos contaminar por completo. Perdoar se faz necessário. É um grande desafio de maturidade que nos coloca de pé, prontos para acolher e viver o melhor que a vida nos oferece. Perdoar pode ser difícil, porém é uma ação bastante inteligente que traz consigo benefícios múltiplos: faz bem a você mesmo, tira um peso de suas costas, faz ver corretamente os acontecimentos, dá uma chance a você mesmo e ao outro de viver novas possibilidades.

É muito bom compreender que o perdão que ofereço é fruto de um coração perdoado. Somos beneficiários da bondade e da graça de Deus, que está sempre pronto a nos dar o perdão, não importando nossas infidelidades, delitos e pecados. É como o pai misericordioso, da parábola de Jesus, que está não somente pronto a perdoar, mas preocupado com o filho aventureiro que saiu de casa.

Termino este meu tempo de oração dispondo-me à vontade de Deus, rezando:

Pai Nosso que estais no céu...

Ó Deus, abri nossos olhos e libertai nossos corações de todo egoísmo, inveja e indiferença. Dai-nos a graça do perdão, a fim de que trabalhemos para que o vosso Reino seja uma realidade entre nós, sobretudo em nossas famílias, onde queremos que reine o Coração de Jesus, vosso Filho amado. Amém.

+ Coração de Jesus que tanto nos amais,
Fazei com que eu vos ame cada vez mais!

+ Louvado Seja Nosso Senhor Jesus Cristo!
Para sempre seja louvado!

24. QUERO TER UM CORAÇÃO QUE ACREDITA

+ Abri, Senhor, os meus lábios,
E minha boca anunciará vosso louvor!

+ Jesus, manso e humilde de coração,
Fazei o nosso coração semelhante ao vosso!

Acolho a Palavra de Deus que ilumina minha mente e fortalece meu coração.

"Eu lhes darei um coração para conhecerem que sou o Senhor. Eles serão meu povo e eu serei seu Deus, pois eles voltarão a mim de todo o coração... Eu lhes darei um só coração e uma só conduta, de modo a me temerem, todos os dias, para o seu próprio bem e dos seus filhos, depois deles." (Jeremias 24,7.32,39)

A fé cristã está baseada em verdades e dogmas. Nós somos um povo de esperança e acreditamos no que não vemos. Não precisamos ser como Tomé. Nós acreditamos sem precisar olhar com os olhos e tocar com as mãos. Não precisamos ir ao céu para saber que Deus tem um lugar preparado para nós. Isso Jesus até já garantiu no Evangelho.

Se a oração nos faz sair de nossa confusão, de nosso sofrimento, e descobrir o amor e a misericórdia de Deus por aqueles que trazemos em nossa prece, então acontece em nosso coração uma mudança, uma verdadeira conversão. A fé e a confiança em Deus, nosso Salvador, crescem e deixam Deus agir, segundo seu desígnio de amor, na vida daqueles que na oração nós confiamos a Ele.

O processo de compreensão e de crescimento da fé pode ser comparado ao aprendizado das crianças. Pouco a pouco elas começam a andar, a balbuciar, a juntar palavras, a falar e distinguir as coisas. Não podemos dizer que já aprendemos tudo. Todo dia é ocasião para colher as novidades com que a vida nos brinda. Na fé, nós recebemos os conteúdos da Catequese, da Doutrina, da Palavra de Deus, dos Sacramentos, mas sobretudo somos instruídos pelo Espírito Santo de Deus que nos conduz.

A fé faz com que se tenha esperança de que algo melhor está por vir. Tantas vezes as decisões são encorajadas pelo fato de se ter fé, esperança e acreditar em algo.

Outro aspecto é a utilização do termo fé como algo que anima afetivamente as pessoas, um comportamento que faz o indivíduo se sentir motivado a atravessar uma situação de grande dificuldade, por exemplo. Ter fé é encarar o mundo de forma positiva e esperançosa. Precisamos de motivação para vivermos em harmonia; é saudável buscar energia em algo que nos sustente nos desgastes emocionais de cada dia.

É necessário ter confiança para seguir em frente, pois a fé é que dá sentido aos valores da nossa vida. O famoso ditado "a fé move montanhas" define muito bem esse sentido. Ter fé faz com que realizemos aquilo que parece impossível.

A fé é como o sal na comida, faz uma diferença muito grande. Peça a Deus que faça seu coração mais atento e apto para acreditar mais. Ele é o amigo que me alegra a vida com um sinal, uma presença, uma palavra. Você acredita!?

Termino este meu tempo de oração dispondo-me à vontade de Deus, rezando:

Pai Nosso que estais no céu...

Dai-nos, Senhor, a graça de ver-vos sempre com os olhos iluminados pela fé e vos adorar, dizendo com o vosso apóstolo Tomé: "meu Senhor e meu Deus". Aumentai a nossa fé e concedei-nos a graça de contemplar-vos na Eucaristia e de vos servir nos irmãos que mais sofrem. Amém.

+ Coração de Jesus que tanto nos amais,
Fazei com que eu vos ame cada vez mais!

+ Louvado Seja Nosso Senhor Jesus Cristo!
Para sempre seja louvado!

25. QUERO TER UM CORAÇÃO QUE ESCUTA

+ Abri, Senhor, os meus lábios,
E minha boca anunciará vosso louvor!

+ Jesus, manso e humilde de coração,
Fazei o nosso coração semelhante ao vosso!

Acolho a Palavra de Deus que ilumina minha mente e fortalece meu coração.

"Aplica teu coração à instrução e os ouvidos às palavras da ciência... Meu filho, se teu coração for sábio, meu próprio coração se alegrará também... Escuta, meu filho, sê sábio e dirige teu coração no reto caminho... Meu filho, presta-me atenção; teus olhos observem os meus caminhos." (Provérbios 23,12.15.19.26)

Dentro de nós há uma voz, a do coração, que nos conduz sempre a agir pela emoção. Temos a voz que vem da nossa mente, que nos leva a agir com mais razão. Ambas são muito importantes no processo de escuta. Não basta ouvir as vozes externas, é preciso dar atenção à voz que grita dentro de nós.

No livro, que virou filme, *O Menino que descobriu o vento*, temos a história de um menino africano alegre e inteligente, teimoso e persistente que, apesar das dificuldades de sua aldeia, da incapacidade das pessoas de saírem de si mesmas, não desiste de seus sonhos e acaba inventando e fazendo funcionar uma plataforma guiada pelo vento e que arranca água da terra. O filme nos sugere que sempre é preciso escutar com o coração e ver com os ouvidos. Nunca desistir!

A escuta e a meditação da Palavra de Deus, com o coração, nos permitem dar lugar à voz do Amado que nos fala. Quando damos atenção à Palavra, nos identificamos com Deus e somos configurados à pessoa de Cristo. Ouvir com atenção a voz de Deus é descobrir a fonte de água viva, que sacia de vez a nossa sede, tal como Jesus propôs à mulher da Samaria na conversa à beira do poço de Siquém. É um episódio interessante de escuta: ambos acabam se interessando pela vida do outro, as verdades vão se revelando devagar, há uma acolhida mútua. Esse é o processo do coração que se dispõe a escutar.

Há também um outro fator que pode contribuir para a escuta do coração. Como você acha que Nelson Mandela conseguiu ficar preso por mais de 30 anos e, mesmo assim, perdoar? Mandela repetia todos os dias um poema que termina assim: "Eu sou o mestre do meu destino; eu sou o capitão da minha alma". Somente dentro de nós está a nossa verdadeira força e a nossa real liberdade. É a voz do seu coração que vai libertá-lo, não o lugar onde você está. O mundo exterior é cheio de barulho. Tantos ruídos tentam afogar a sua voz interior, mas tudo o que não habita o seu interior não tem força para isso, a não ser que receba a sua permissão. A voz que reside no seu coração sempre fala com você e nunca o abandona. O seu coração é o que de mais gentil e terno há em sua vida. Escute mais a voz que vive dentro de você, pois ela certamente quer o melhor para você.

Termino este meu tempo de oração dispondo-me à vontade de Deus, rezando:

Pai Nosso que estais no céu...

Ó Deus, dai-nos um coração novo, aberto e disponível para escutar vossa Palavra, acolhê-la em nossas vidas e vivê-la em nossos gestos e compromissos diários. Ajudai-nos também a escutar os clamores e as dores do nosso povo que chegam aos vossos ouvidos. Por Cristo, nosso Senhor. Amém.

+ Coração de Jesus que tanto nos amais,
Fazei com que eu vos ame cada vez mais!

+ Louvado Seja Nosso Senhor Jesus Cristo!
Para sempre seja louvado!

26. QUERO TER UM CORAÇÃO QUE BUSCA A SANTIDADE

+ Abri, Senhor, os meus lábios,
E minha boca anunciará vosso louvor!

+ Jesus, manso e humilde de coração,
Fazei o nosso coração semelhante ao vosso!

Acolho a Palavra de Deus que ilumina minha mente e fortalece meu coração.

"Mas eu vos digo: amai os vossos inimigos e rezai por aqueles que vos perseguem; deste modo vos mostrareis filhos do vosso Pai que está nos céus, porque faz raiar o sol sobre os bons e os maus, e chover sobre os justos e os injustos. Pois, se amais somente aqueles que vos amam, que recompensa tereis? Acaso os desprezados cobradores de impostos não fazem também assim? E se cumprimentardes somente os vossos irmãos, que fareis de especial? Acaso os pagãos não fazem a mesma coisa? Portanto, sede perfeitos como vosso Pai celeste é prefeito." (Mateus 5,44-48)

Quando cantamos "Coração santo, Tu reinarás", o que desejamos é que nosso coração seja também santo. Buscar a santidade parece conversa fora de lugar nos tempos modernos. Mas, para nós, cristãos, não há outro caminho. A fé que professamos e celebramos nos conduz no caminho da santidade.

A vida e a história dos Santos recordam-nos sempre a fidelidade ao Deus da vida que permeia toda a história e vai além do tempo e da história. Quando vivemos e nos movemos em Deus, nossa vida é transformada em vida oferecida aos mais frágeis. Assim, a santidade não é algo descartável, mas é interpretar os sinais da beira da estrada da vida.

Na *Gaudete et Exsultate*, o Papa Francisco diz que há uma enorme quantidade de santos próximos de nós, ao nosso lado: *"Gosto de ver a santidade no povo paciente de Deus, nos pais que criam seus* filhos com tanto amor, nos homens e nas mulheres que trabalham para levar o pão para casa, nos doentes, nas consagradas idosas que continuam a sorrir. Nessa constância de continuar caminhando dia após dia, vejo a santidade da Igreja militante. Esta é muitas vezes a santidade ao nosso lado, daqueles que vivem perto de nós e são um reflexo da presença de Deus".

Não podemos nos esquecer de que todo santo é uma pessoa humana. Portanto, o primeiro pressuposto para ser santo é viver com intensidade a vida com as contradições que lhe são próprias, buscando a cada dia superá-las. O santo não é ninguém perfeito, mas é um buscador, alguém que se deixa guiar, que orienta sua vida na direção que Deus quiser. E na história podemos perceber que o lugar privilegiado de Deus para buscar e viver a santidade é a preocupação e o serviço com os mais empobrecidos. Às vezes é até preciso deixar tudo, como fizeram São Francisco de Assis, Santo Inácio de Loyola, São Francisco Xavier... para servir com mais liberdade. O santo vai configurando sua vida e deixando-se modelar pelo Espírito de Deus.

Termino este meu tempo de oração dispondo-me à vontade de Deus, rezando:

Pai Nosso que estais no céu...

Pai Santo, que no Coração de vosso Filho nos revelais o mistério de vossa infinita caridade e nos chamais para sermos santos em vosso amor, dai-nos um coração novo, disponível e fiel. Fazei de nós um sacrifício vivo em vosso louvor, por Cristo, nosso Senhor. Amém.

+ Coração de Jesus que tanto nos amais,
Fazei com que eu vos ame cada vez mais!

+ Louvado Seja Nosso Senhor Jesus Cristo!
Para sempre seja louvado!

27. QUERO TER UM CORAÇÃO PLENO DE PAZ

+ Abri, Senhor, os meus lábios,
E minha boca anunciará vosso louvor!

+ Jesus, manso e humilde de coração,
Fazei o nosso coração semelhante ao vosso!

Acolho a Palavra de Deus que ilumina minha mente e fortalece meu coração.

"Assim diz o Senhor, o teu Libertador, o Santo de Israel: Sou eu, o Senhor teu Deus, quem te ensina o que vale a pena, quem te conduz pelo caminho que deves seguir. Quem dera tivesses levado a sério as minhas ordens! Tua paz seria grande qual um rio, a justiça que receberias, como as ondas do mar. Tua descendência seria numerosa como a areia da praia, os filhos de ti nascidos, incontáveis como grãos de areia. Jamais teu nome seria cortado, jamais seria eliminado de minha presença." (Isaías 48,17-19)

Com origem no termo latino *pax*, podemos compreender a paz em sentido positivo – como estado de tranquilidade e de quietude – e em sentido negativo – como ausência de guerras e violências.

Quando a paz diz respeito ao âmbito individual, faz, em geral, referência a um estado interior despojado de sentimentos negativos. Por pessoa que está em paz entende-se alguém que esteja tranquilo, ou de bem consigo mesmo e com os outros.

Na tradição cristã, a paz é também uma forma de saudação, uma vez que é um valor que se deseja para si mesmo e para o próximo. É comum ouvirmos a expressão *"Que a paz esteja convosco"*. Na tradição religiosa de Israel o *"Shalom"* vem acompanhado da paz e de tudo o que é bom, que o Onipotente pode nos dar.

Hoje, um dos grandes desafios é garantir a paz social entre as nações. O Papa Francisco sugere que sejamos arquitetos e artesãos na construção da paz: "O caminho para a paz não implica homogeneizar a sociedade, mas permite-nos trabalhar juntos. Pode unir muitos nas pesquisas comuns, onde todos trabalham. Perante certo objetivo comum, se poderá contribuir com diferentes propostas técnicas, distintas experiências, e trabalhar em prol do bem comum. O outro nunca deve ser circunscrito àquilo que disse ou fez, mas deve ser considerado pela promessa que traz em si mesmo, uma promessa que deixa sempre um lampejo de esperança".

A paz é um dom a ser pedido a Deus e uma tarefa a ser construída nas relações humanas, ecológicas e sociais. O grande desafio é conectar-se logo à sua paz. Não deixe crescer o índice de intolerância, de maldade, de descaso com o ser humano. Há uma guerra fria que mata muito mais que as guerras estabelecidas.

Algumas dicas para experimentar e construir a paz: viver no momento presente, praticar a gratidão, cuidar de si mesmo, fazer silêncio e rezar, abandonar ressentimentos e mágoas, ter autorresponsabilidade, ocupar sua mente com coisas boas, evitar situações e pessoas negativas, cultivar bons relacionamentos.

Termino este meu tempo de oração dispondo-me à vontade de Deus, rezando:

Pai Nosso que estais no céu...

Querido Jesus, que tendes um coração imenso, onde cabe o mundo inteiro e todos somos conhecidos por Vós, ofereço-vos este meu dia em favor de todos os que precisam da vossa paz: pessoas em conflitos, pessoas refugiadas, povos em guerra, gente com depressão. Quero unir-me a Vós para servir, amar e promover a paz no ambiente em que estou vivendo. Amém.

+ Coração de Jesus que tanto nos amais,
Fazei com que eu vos ame cada vez mais!

+ Louvado seja Nosso Senhor Jesus Cristo!
Para sempre seja louvado!

28. QUERO TER UM CORAÇÃO CHEIO DE COMPAIXÃO

+ Abri, Senhor, os meus lábios,
E minha boca anunciará vosso louvor!

+ Jesus, manso e humilde de coração,
Fazei o nosso coração semelhante ao vosso!

Acolho a Palavra de Deus que ilumina minha mente e fortalece meu coração.

"Felizes os pobres em espírito, porque a eles pertence o reino dos céus. Felizes os aflitos, porque serão consolados. Felizes os mansos e humildes, porque herdarão a terra da promessa. Felizes os famintos e sedentos de justiça, porque serão saciados. Felizes os misericordiosos, porque serão tratados com misericórdia. Felizes os puros de coração, porque verão a Deus. Felizes os promotores da paz, porque serão chamados filhos de Deus. Felizes os perseguidos por causa da justiça, porque a eles pertence o reino dos céus."
(Mateus 5,3-10)

Nós queremos que nosso coração seja pleno de bondade e compaixão como foi o coração de Cristo. E podemos aprender com o leproso do Evangelho, que se aproximou de Jesus e pediu sua cura. Jesus teve compaixão dele, estendeu a mão, tocou nele e o curou. Jesus não se esquiva da dor, da solidão e da morte e revela as entranhas compassivas de Deus, ativando a compaixão do Pai nas entranhas das pessoas indefesas, devolvendo-lhes sua dignidade de ser humano. Suas mãos deixam transparecer um coração compassivo, solidário e comprometido. Olhemos para o coração de Jesus e peçamos, nós também, a graça das bem-aventuranças para sermos mais compassivos.

Quem se deixa tocar e ser curado por Jesus, recobra a alegria de viver e vai dar testemunho dele pela vida afora, desejando ter os mesmos sentimentos de Cristo. O essencial será ter amor e compaixão pelos que sofrem, por quem geme sob as dores da humanidade. Quando o nosso coração é bem formado, aprendemos, com Antoine de Saint'Exupéry, que *"O essencial é invisível aos olhos, pois só vemos bem com o coração"*.

A compaixão pelo mundo tem sido um tema recorrente no pensamento do Papa Francisco. Ele sugere que podemos ajudar as pessoas que sofrem, padecendo graves dificuldades, *"acompanhando-as por um caminho cheio de compaixão. Uma compaixão que transforma a vida das pessoas e as leva a aproximarem-se do Coração de Cristo, que nos acolhe a todos na revolução da ternura. Rezemos por todos os que sofrem para que encontrem caminhos de vida, deixando-se tocar pelo Coração de Jesus"*.

Esse caminho de compaixão começa por nós mesmos. Muitas vezes, pela rotina, somos acostumados a agir como alguém que prova um vinho, e que, com uma simples degustação, avalia o que merece ou não atenção. É necessário experimentar a realidade do outro de verdade, entrar de cabeça. Muito mais do que sentir pena, é entender o sofrimento do outro e colocar-se em seu lugar, apoiando as causas e as pessoas com todo o nosso coração. A compaixão é essencial em todos os níveis. É preciso solidez na compaixão, na oração e na empatia, pois tudo o que é líquido evapora.

Termino este meu tempo de oração dispondo-me à vontade de Deus, rezando:

Pai Nosso que estais no céu...

Senhor, nosso Deus, que no Coração de vosso Filho Jesus atraístes tudo a Vós, acendei em nós o fogo do vosso amor e da compaixão revelada em Cristo, a fim de que sirvamos melhor aos nossos irmãos e irmãs. Por Cristo, nosso Senhor. Amém.

+ Coração de Jesus que tanto nos amais,
Fazei com que eu vos ame cada vez mais!

+ Louvado seja nosso Senhor Jesus Cristo!
Para sempre seja louvado!

29. QUERO TER UM CORAÇÃO CHEIO DE ESPERANÇA

+ Abri, Senhor, os meus lábios,
E minha boca anunciará vosso louvor!

+ Jesus, manso e humilde de coração,
Fazei o nosso coração semelhante ao vosso!

Acolho a Palavra de Deus que ilumina minha mente e fortalece meu coração.

"Assim, pois, justificados pela fé, estamos em paz com Deus, por nosso Senhor Jesus Cristo. Por ele, não só tivemos acesso, pela fé, a esta graça na qual estamos firmes, mas ainda nos gloriamos na esperança da glória de Deus. E não só isso, pois nos gloriamos também em nossas tribulações, sabendo que a tribulação gera a constância, a constância leva a uma virtude provada e a virtude provada desabrocha na esperança. E a esperança não decepciona, porque o amor de Deus foi derramado em nossos corações pelo Espírito Santo que nos foi dado." (Romanos 5,1-5)

Tanto sociólogos como psicólogos constatam que a característica do nosso mundo não é a segurança, a alegria, a harmonia, a esperança. Estão de acordo em afirmar que as pessoas de hoje riem pouco, andam muito nervosas, vivem preocupadas, têm mais medo. Curtem a angústia da insegurança e do desespero.

Vivemos, sem dúvida, tempos difíceis! Até mesmo no interior de nossa Igreja, vêm-se introduzindo a contestação e a crítica, a desunião entre cristãos: conservadores e progressistas, alienados e comprometidos. Há um sério risco de divisão do Evangelho, de quebra da unidade da doutrina e da disciplina. O que nos parecia o porto seguro da religião, sentimos ser a frágil barca de Pedro em meio à tempestade.

Mas não podemos desistir e nem ignorar tudo isso. Não adianta assumir a atitude da avestruz e viver como se nada estivesse acontecendo. É no meio das dificuldades e da dor que o Espírito suscita a novidade. Jesus mesmo viveu em tempos complicados e superou tudo pela cruz e pela ressurreição.

Além do texto de São Paulo aos Romanos, que hoje nos exorta à esperança, Isaías, o profeta da esperança, proclama o que Deus deseja de nós: *"Fortalecei as mãos desfalecidas, robustecei os joelhos vacilantes. Dizei àqueles que têm o coração perturbado: coragem! Não temais! Eis o vosso Deus... Ele mesmo vem salvar-vos"*. (Isaías 35,3-4)

E Cristo, nossa feliz esperança, nos recomenda serenidade e fortaleza nos tempos difíceis. Confiantes no Senhor, nós queremos estar prontos a dar aos outros as razões de nossa fé e de nossa esperança.

No Calvário, quando tudo parecia ser o fim, quando as trevas caíram sobre a terra, quando a morte e a desolação pareciam tomar conta de tudo, Jesus exclamou: "Tudo está consumado!" e inclinando a cabeça entregou sua vida ao Pai. Um soldado abriu-lhe o lado com a lança e no mesmo instante jorraram sangue e água. Ressuscitado, o Coração de Jesus continua aberto. Eis a razão mais profunda de nossa esperança!

Termino este meu tempo de oração dispondo-me à vontade de Deus, rezando:

Pai Nosso que estais no céu...

A Vós, ó Deus de bondade, entrego minha vida e os meus projetos. Que neste dia eu possa contemplar as maravilhas ao meu redor: as cores brilhantes, as flores, o otimismo e a esperança das pessoas. Fortalecei-me para que meus pés não vacilem e meu coração não perca a esperança de saber que me sustentais sempre mais. Amém.

+ Coração de Jesus que tanto nos amais,
Fazei com que eu vos ame cada vez mais!

+ Louvado Seja Nosso Senhor Jesus Cristo!
Para sempre seja louvado!

30. QUERO TER UM CORAÇÃO CHEIO DE TERNURA

+ Abri, Senhor, os meus lábios,
E minha boca anunciará vosso louvor!

+ Jesus, manso e humilde de coração,
Fazei o nosso coração semelhante ao vosso!

Acolho a Palavra de Deus que ilumina minha mente e fortalece meu coração.

"Dizia Sião: 'O Senhor abandonou-me, o Senhor se esqueceu de mim'. Uma mulher esquece a criança de peito? Não estimará o filho de suas entranhas? Embora alguma se esquecesse, eu jamais te esqueceria! Vê, eu te gravei nas palmas de minhas mãos, tuas muralhas estão sempre diante de mim." (Isaías 49,14-16)

Quem contempla o Coração de Cristo descobre seu amor redentor. Como São Paulo, pode dizer: *"Ele me amou e se entregou por mim"* (Gl 2,20). Por isso mesmo, é convidado a responder ao amor de Cristo. Santo Agostinho, numa de suas *Homilias* sugere a seguinte reflexão: *"O que amamos em Cristo? Seus membros crucificados, seu lado traspassado ou sua caridade? Quando ouvimos que sofreu por nós, o que amamos nele? É seu amor que amamos. Ele nos amou para que nós lhe retribuíssemos amor por amor e, para que possamos lhe retribuir amor por amor, visitou-nos pelo seu Espírito"*. O Espírito Santo é a ternura do amor do Pai e do Filho.

A ternura se revelou plenamente na Cruz. Da contemplação da chaga aberta do lado, passemos à contemplação de uma ferida do próprio Coração de Jesus, uma ferida de amor. Ouçamos a resposta de Cristo a Santa Catarina de Sena diante da pergunta sobre o porquê de Ele querer que seu coração fosse assim tão ferido e aberto: *"Eu tinha várias razões, mas vou lhe dizer a principal. Meu amor pelo gênero humano era infinito, enquanto os tormentos e os sofrimentos que eu suportava eram finitos. Por isso queria, mostrando meu lado aberto, que vocês vissem o segredo do meu coração, que eu amava vocês muito mais do que eu podia lhes mostrar com o meu sofrimento finito".*

São Carlos de Foucauld, canonizado recentemente, trazia na sua grosseira túnica de lã branca de eremita um Coração vermelho com uma cruz em cima. Nos seus escritos espirituais podemos ler e meditar: *"Quanto nos amais, ó Coração de Jesus! Não vos bastou conter todos os homens, todos estes homens tão ingratos, durante toda a vossa vida; quisestes ainda ser aberto a eles e ser ferido por eles depois de vossa morte; quisestes trazer, eternamente, essa ferida como sinal de vosso amor, como sinal de que vosso Coração está sempre aberto a todos os vivos, e sempre pronto a recebê-los, a perdoar-lhes, a amá-los. Por essa abertura escancarada, chamais, eternamente, todos os homens a crerem em vosso amor, a terem confiança nele, a virem até vós, por mais maculados que sejam".*

Estamos gravados no Coração de Cristo, ele não se esquece de nós. Ele aquece nossos corações, anima nossa esperança e nos revela sua ternura.

Termino este meu tempo de oração dispondo-me à vontade de Deus, rezando:

Pai Nosso que estais no céu...

Ó Coração de Jesus, que sempre tivestes compaixão e ternura para com aqueles que vos procuravam, hoje eu vos peço confiante que alargueis a tenda do meu coração para acolher tantas pessoas que me buscam. Sei que me sustentais com vossas mãos carinhosas e agradeço por tanta ternura com que me tratais. Amém.

+ Coração de Jesus que tanto nos amais,
Fazei com que eu vos ame cada vez mais!

+ Louvado Seja Nosso Senhor Jesus Cristo!
Para sempre seja louvado!

PEQUENO OFÍCIO DO SAGRADO CORAÇÃO DE JESUS

MATINAS

V. Abri, Senhor, os meus lábios
R. E minha boca anunciará vosso louvor.
V. Ó Deus, vinde em nosso auxílio.
R. Senhor, socorrei-nos sem demora.
V. Glória ao Pai e ao Filho e ao Espírito Santo.
R. Como era no princípio, agora e sempre. Amém.
V. Coração de Jesus, que ardeis de amor por nós.
R. Inflamai nossos corações no vosso amor.

HINO

Eu já sei, ó meu Jesus, como obter vossa amizade.
Receber amor e luz, e um sorriso de bondade.

Do Divino coração: se for manso na humildade,
Se for puro o coração. Se paciente e sem maldade.

Ó Jesus, meu doce amor, em silêncio hei de sofrer
Toda pena e qualquer dor, pois já sei de a merecer.

Mais ainda, ó bom Jesus, ó Sagrado Coração,
Ficarei aos pés da cruz, com amor e devoção.

Rezarei no Santuário, ficarei aos pés do altar,
Minha vida, em teu sacrário, deixarei sem me queixar!

Ó Jesus, com humildade, tudo aceito e com fervor.
Peço a vossa caridade, concedei-me o vosso amor.

ANTÍFONA

Ó Coração de Jesus, obediente à vontade do Pai, inclinai para Vós os nossos corações, para que sempre façamos o que for do vosso agrado.

V. Ó Deus do meu coração, quero sempre fazer a vossa vontade.
R. Sim, ó meu Deus, eu quero a vossa lei no meu coração.

ORAÇÃO

Senhor Jesus, que por vosso infinito amor à vossa Igreja vos dignastes revelar-lhe as grandes riquezas do vosso Coração,

fazei que possamos retribuir amor com amor a este Coração adorável e, por dignas homenagens, reparar os ultrajes com que a ingratidão humana não cessa de afligi-lo. Vós que viveis e reinais para sempre. Amém.

V. Jesus, manso e humilde de coração.
R. Fazei o nosso coração semelhante ao vosso.
V. Que as almas dos fiéis defuntos repousem em paz.
R. Pela Misericórdia Divina. Amém.

LAUDES

V. Ó Deus, vinde em nosso auxílio.
R. Senhor, socorrei-nos sem demora.
V. Glória ao Pai e ao Filho e ao Espírito Santo.
R. Como era no princípio, agora e sempre. Amém.
V. Coração de Jesus, que ardeis de amor por nós.
R. Inflamai nossos corações no vosso amor.

HINO

Eis-me aqui, meu Salvador; a minha alma em vós confia.
Eu só quero o vosso amor e sofrer com alegria.

Ó meu Deus, fazei de mim uma chama só de amor.
Ter o ardor de um querubim, dar-vos glória e louvor.

Não quero o meu interesse, nem qualquer satisfação.
Eu vos peço, numa prece, aceitai meu coração.

Ó Jesus, doce guarida! Ó meu Deus e meu Senhor.
De minha alma sois a vida, e da vida sois o amor.

ANTÍFONA

Ó Sagrado Coração de Jesus, tão desejoso da nossa salvação, fazei que nossos corações despertem, para não morrermos em nossos pecados.

V. Ó Deus do meu coração, quero sempre fazer a vossa vontade.
R. Sim, ó meu Deus, eu quero a vossa lei no meu coração.

ORAÇÃO

Senhor Jesus, que por vosso infinito amor à vossa Igreja vos dignastes revelar-lhe as grandes riquezas do vosso Coração,

fazei que possamos retribuir amor com amor a este Coração adorável e, por dignas homenagens, reparar os ultrajes com que a ingratidão humana não cessa de afligi-lo. Vós que viveis e reinais para sempre. Amém.

V. Jesus, manso e humilde de coração.
R. Fazei o nosso coração semelhante ao vosso.
V. Que as almas dos fiéis defuntos repousem em paz.
R. Pela Misericórdia Divina. Amém.

PRIMA

V. Ó Deus, vinde em nosso auxílio.
R. Senhor, socorrei-nos sem demora.
V. Glória ao Pai e ao Filho e ao Espírito Santo.
R. Como era no princípio, agora e sempre. Amém.
V. Coração de Jesus, que ardeis de amor por nós.
R. Inflamai nossos corações no vosso amor.

HINO

Ó Sagrado Coração, sois o brilho da bondade.
Sois a fonte do perdão, sois o altar da caridade.

Vós ardeis de amor divino, sois o meu mais santo amigo.
Eu vos peço a luz dos céus, sede o meu celeste abrigo.

Como lâmpada luzindo, no silêncio e sempre acesa,
A minha alma em vós sorrindo vive ardendo e sempre reza.

Na Divina Eucaristia, eu escuto a voz paterna;
Ó Jesus, eu quero um dia, só viver na glória eterna.

ANTÍFONA

Ó Sagrado Coração de Jesus, modelo perfeito de pureza, fazei-nos limpos de coração, para merecermos ser considerados semelhantes a vós.

V. Ó Deus do meu coração, quero sempre fazer a vossa vontade.
R. Sim, ó meu Deus, eu quero a vossa lei no meu coração.

ORAÇÃO

Senhor Jesus, que por vosso infinito amor à vossa Igreja vos dignastes revelar-lhe as grandes riquezas do vosso Coração,

fazei que possamos retribuir amor com amor a este Coração adorável e, por dignas homenagens, reparar os ultrajes com que a ingratidão humana não cessa de afligi-lo. Vós que viveis e reinais para sempre. Amém.

V. Jesus, manso e humilde de coração.
R. Fazei o nosso coração semelhante ao vosso.
V. Que as almas dos fiéis defuntos repousem em paz.
R. Pela Misericórdia Divina. Amém.

TERÇA

V. Ó Deus, vinde em nosso auxílio.
R. Senhor, socorrei-nos sem demora.
V. Glória ao Pai e ao Filho e ao Espírito Santo.
R. Como era no princípio, agora e sempre. Amém.
V. Coração de Jesus, que ardeis de amor por nós.
R. Inflamai nossos corações no vosso amor.

HINO

Ó meu doce e bom Jesus, escondido em vossas chagas,
Envolvido em vossa luz, vencerei o mal e as pragas.

E nos braços da bondade deste vosso Coração,
Todo amor e caridade, concedei-me a salvação.

Pelo Sangue de Jesus, pelo amor da Virgem Pura,
Vossa Igreja, ó Deus da Cruz, defendei com grã ternura.

Aceitai o meu amor, escutai minha oração:
Quero amar-vos com ardor, ó Divino Coração.

ANTÍFONA

Ó Sagrado Coração de Jesus, cheio de mansidão para com vossos inimigos, fazei que reine a vossa paz em nossos corações e que cordialmente perdoemos aos que nos perseguem e caluniam.

V. Ó Deus do meu coração, quero sempre fazer a vossa vontade.
R. Sim, ó meu Deus, eu quero a vossa lei no meu coração.

ORAÇÃO

Senhor Jesus, que por vosso infinito amor à vossa Igreja vos dignastes revelar-lhe as grandes riquezas do vosso Coração,

fazei que possamos retribuir amor com amor a este Coração adorável e, por dignas homenagens, reparar os ultrajes com que a ingratidão humana não cessa de afligi-lo. Vós que viveis e reinais para sempre. Amém.

V. Jesus, manso e humilde de coração.
R. Fazei o nosso coração semelhante ao vosso.
V. Que as almas dos fiéis defuntos repousem em paz.
R. Pela Misericórdia Divina. Amém.

SEXTA

V. Ó Deus, vinde em nosso auxílio.
R. Senhor, socorrei-nos sem demora.
V. Glória ao Pai e ao Filho e ao Espírito Santo.
R. Como era no princípio, agora e sempre. Amém.
V. Coração de Jesus, que ardeis de amor por nós.
R. Inflamai nossos corações no vosso amor.

HINO

Ó meu Senhor e meu Deus, sinto n'alma anseio ardente;
Ao altar de vosso amor serei vosso penitente.

Serei vítima sagrada, do Divino Coração,
Minha cruz de cada dia, será a minha oblação.

Eu fui grande pecador, só mereço sofrimento,
Mas agora o vosso amor me dá força e inspira alento.

Nunca mais, ó bom Jesus, serei causa de tristeza,
Abraçando a vossa Cruz, serei lírio de pureza.

ANTÍFONA

Ó Sagrado Coração de Jesus, carregado de aflição por nossos pecados, dai-nos um coração contrito e humilhado, para produzirmos dignos frutos de penitência.
V. Ó Deus do meu coração, quero sempre fazer a vossa vontade.
R. Sim, ó meu Deus, eu quero a vossa lei no meu coração.

ORAÇÃO

Senhor Jesus, que por vosso infinito amor à vossa Igreja vos dignastes revelar-lhe as grandes riquezas do vosso Coração, fazei que possamos retribuir amor com amor a este Coração adorável e, por dignas homenagens, reparar os ultrajes com que a ingratidão humana não cessa de afligi-lo. Vós que viveis e reinais para sempre. Amém.

V. Jesus, manso e humilde de coração.
R. Fazei o nosso coração semelhante ao vosso.
V. Que as almas dos fiéis defuntos repousem em paz.
R. Pela Misericórdia Divina. Amém.

NONA

V. Ó Deus, vinde em nosso auxílio.
R. Senhor, socorrei-nos sem demora.
V. Glória ao Pai e ao Filho e ao Espírito Santo.
R. Como era no princípio, agora e sempre. Amém.
V. Coração de Jesus, que ardeis de amor por nós.
R. Inflamai nossos corações no vosso amor.

HINO

Ó Bondade soberana, maravilha mais divina,
Como pode a mente humana, se o amor não a ilumina,

Compreender a caridade, do Sagrado Coração?
Entender a Majestade de Jesus, Celeste Pão?

Minha luz e minha vida, Pão dos Anjos, meu sustento,
De minh'alma sois guarida, sois o amor no sofrimento...

Eu só quero amar, sofrer, só viver de amor por vós.
Tudo é vosso, o meu querer, escutai a minha voz.

ANTÍFONA

Ó Sagrado Coração de Jesus, que tanto amaste a pobreza, uni-vos, como um selo, conosco, para que em Vós, como em seu único tesouro, esteja o nosso coração.

V. Ó Deus do meu coração, quero sempre fazer a vossa vontade.
R. Sim, ó meu Deus, eu quero a vossa lei no meu coração.

ORAÇÃO

Senhor Jesus, que por vosso infinito amor à vossa Igreja vos dignastes revelar-lhe as grandes riquezas do vosso Coração,

fazei que possamos retribuir amor com amor a este Coração adorável e, por dignas homenagens, reparar os ultrajes com que a ingratidão humana não cessa de afligi-lo. Vós que viveis e reinais para sempre. Amém.

V. Jesus, manso e humilde de coração.
R. Fazei o nosso coração semelhante ao vosso.
V. Que as almas dos fiéis defuntos repousem em paz.
R. Pela Misericórdia Divina. Amém.

VÉSPERA

V. Ó Deus, vinde em nosso auxílio.
R. Senhor, socorrei-nos sem demora.
V. Glória ao Pai e ao Filho e ao Espírito Santo.
R. Como era no princípio, agora e sempre. Amém.
V. Coração de Jesus, que ardeis de amor por nós.
R. Inflamai nossos corações no vosso amor.

HINO

Ó amoroso Coração, de Jesus Sacramentado,
Sois a Luz da Salvação, sois o amor Crucificado.

A minh'alma é como pedra, sem fervor, sem compaixão.
Vosso amor aí não cresce, sem a graça do perdão.

Penetrai minh'alma, ó Deus, abraçai meu coração.
Só o Amor que vem dos Céus, santifica a devoção.

Sois o centro, sois o amor, sois a fonte de Bondade,
Eu vos amo com fervor, manancial de caridade.

ANTÍFONA

Ó Sagrado Coração de Jesus, rico de bondade para os que vos amam. Fazei que por Vós deseje o nosso coração, de modo que sejais, Vós mesmo, o amor dos nossos corações e o nosso quinhão na eternidade.

V. Ó Deus do meu coração, quero sempre fazer a vossa vontade.
R. Sim, ó meu Deus, eu quero a vossa lei no meu coração.

ORAÇÃO

Senhor Jesus, que por vosso infinito amor à vossa Igreja vos dignastes revelar-lhe as grandes riquezas do vosso Coração, fazei que possamos retribuir amor com amor a este Coração adorável e, por dignas homenagens, reparar os ultrajes com que a ingratidão humana não cessa de afligi-lo. Vós que viveis e reinais para sempre. Amém.

V. Jesus, manso e humilde de coração.
R. Fazei o nosso coração semelhante ao vosso.
V. Que as almas dos fiéis defuntos repousem em paz.
R. Pela Misericórdia Divina. Amém.

COMPLETAS

V. Ó Deus, vinde em nosso auxílio.
R. Senhor, socorrei-nos sem demora.
V. Glória ao Pai e ao Filho e ao Espírito Santo.
R. Como era no princípio, agora e sempre. Amém.
V. Coração de Jesus, que ardeis de amor por nós.
R. Inflamai nossos corações no vosso amor.

HINO

Salvador da humanidade, eu vos amo e vos adoro.
Sois a flor da caridade, sois das almas o Tesouro.

Ó Deus, dos meus pecados, tende grande compaixão,
Dos pagãos, dos transviados, eu vos peço a conversão.

Quanta dor, quanta maldade, neste mundo existe, ó Deus.
Desça um raio de Bondade sobre a terra, lá dos céus.

Pelo Papa e pela Igreja, eu vos peço, ó meu Jesus.
Concedei que o mundo veja o valor da vossa Cruz.

Aceitai minha oração, o Brasil salvai, Senhor.
Ó Divino Coração, pelo vosso eterno Amor.

ANTÍFONA

Ó vítima da caridade, amado Coração de Jesus, por nossos pecados imolado, pela nossa ingratidão desprezado e aflito, convertei-nos; vivificai-nos e abrasai-nos em Vós.

V. Ó Deus do meu coração, quero sempre fazer a vossa vontade.
R. **Sim, ó meu Deus, eu quero a vossa lei no meu coração.**

ORAÇÃO

Senhor Jesus, que por vosso infinito amor à vossa Igreja vos dignastes revelar-lhe as grandes riquezas do vosso Coração, fazei que possamos retribuir amor com amor a este Coração adorável e, por dignas homenagens, reparar os ultrajes com que a ingratidão humana não cessa de afligi-lo. Vós que viveis e reinais para sempre. Amém.

V. Jesus, manso e humilde de coração.
R. **Fazei o nosso coração semelhante ao vosso.**
V. Que as almas dos fiéis defuntos repousem em paz.
R. **Pela Misericórdia Divina. Amém.**

[NOTA: *O Ofício é para ser rezado todo num mesmo dia. Do seguinte modo:* **Matinas, Laudes e Prima** *sejam rezados logo cedo pela manhã,* **Terça** *(9h),* **Sexta** *(12h),* **Nona** *(15h),* **Vésperas** *(18h),* **Completas** *(21h). Nada impede que seja rezado todo de uma vez.*]

TERÇOS

TERÇO AO SAGRADO CORAÇÃO DE JESUS

Oferecimento: Ofereço-vos, ó meu Deus, neste dia, em união com o Sagrado Coração de Jesus, as orações e o trabalho, as alegrias e o descanso, as dificuldades e os sofrimentos desta vida, em reparação das nossas ofensas, e por todas as intenções pelas quais o mesmo Divino Coração está continuamente a interceder e a sacrificar-se por nós em nossos altares. Eu vos ofereço especialmente pelas intenções da Santa Igreja, por nosso Papa e por nossa família. Amém.

Creio em Deus Pai...

Nas contas grandes: Lembrai-vos, ó misericordioso Jesus, que sois tão bondoso e cheio de ternura para com todos. Confiante no vosso infinito amor, entrego minha súplica ao Vosso coração, com alegria e esperança, segundo vossa Palavra: "Pedi e recebereis. Buscai e achareis. Batei e vos será aberto". Eu bato, procuro e peço esta graça que me é tão necessária (*pedir a graça*). Tudo para a maior glória de Deus e o bem da humanidade. Amém!

Nas contas pequenas: Sagrado Coração de Jesus, eu confio em vós!

Glória ao Pai, ao Filho e ao Espírito Santo...

Jaculatória: Ó sangue e água, que jorrastes do Coração de Jesus como fonte de misericórdia para nós, eu confio em vós.

TERÇO DA HUMILDADE E MANSIDÃO

Oferecimento: Deus, nosso Pai, eu te ofereço todo o dia de hoje: minhas orações e obras, meus pensamentos e palavras, minhas alegrias e sofrimentos, em reparação de nossas ofensas, em união com o Coração de teu Filho, Jesus, que continua a oferecer-se a ti, na Eucaristia, pela salvação do mundo. Que o Espírito Santo, que guiou a Jesus, seja meu guia e meu amparo neste dia para que eu possa ser testemunha do teu amor. Com Maria, Mãe de Jesus e da Igreja, rezo especialmente pelas intenções do Santo Padre para este mês...

Creio em Deus Pai...

Nas contas grandes: Pai Nosso que estais no céu...

Nas contas pequenas: Jesus, manso e humilde de coração, fazei o nosso coração semelhante ao vosso.

Glória ao Pai, ao Filho e ao Espírito Santo...

Santa Teresinha do Menino Jesus, rogai por nós!
São Francisco Xavier, rogai por nós!
Santa Margarida Maria, rogai por nós!

ORAÇÕES

1. Oração ao Coração de Jesus
Ó Coração de Jesus, meu Salvador, que depois de ter derramado o vosso sangue na cruz, até a última gota, imolai-vos todos os dias na Missa. Eis-me diante de vós, desejando ardentemente corresponder aos apelos de vossa imensa caridade. Prometo empregar todos os esforços para que o vosso reino seja ampliado nas comunidades, nas famílias e nos corações de todos. Amém.

2. Oferecimento diário (1)
Deus, nosso Pai, eu te ofereço todo o dia de hoje: minhas orações e obras, meus pensamentos e palavras, minhas alegrias e sofrimentos, em reparação de nossas ofensas, em união com o Coração de teu Filho, Jesus, que continua a oferecer-se a ti, na Eucaristia, pela salvação do mundo. Que o Espírito Santo, que guiou a Jesus, seja meu guia e meu amparo neste dia para que eu possa ser testemunha do teu amor. Com Maria, Mãe de Jesus e da Igreja, rezo especialmente pela intenção do Santo Padre para este mês.

3. Oferecimento diário (2)
Pai de bondade, eu sei que estás comigo. Aqui estou neste novo dia. Coloca mais uma vez o meu coração junto ao Coração do teu Filho Jesus, que se entrega por mim e que vem a mim na Eucaristia. Que o teu Espírito Santo me faça seu amigo e apóstolo, disponível para a sua missão. Coloco nas tuas mãos as minhas alegrias e esperanças, os meus trabalhos e sofrimentos, tudo o que sou e tenho, em comunhão com meus irmãos e irmãs da Rede Mundial de Oração do Papa. Com Maria, ofereço-te o meu dia pela missão da Igreja e pela intenção de oração do Papa para este mês.

4. Lembrai-vos do Sagrado Coração de Jesus
Lembrai-vos, ó Senhor Jesus, que nunca se ouviu dizer que alguém, recorrendo com confiança ao vosso Sagrado Coração, implorando a vossa divina assistência e reclamando a vossa infinita misericórdia, fosse por Vós abandonado. Possuído, pois, e animado da mesma confiança, Coração de Jesus, Rei de todos os corações, recorro a

Vós, e gemendo debaixo do peso de meus pecados, prostro-me diante de Vós. Ó Jesus, pelo vosso precioso Sangue e pelo amor de vosso divino Coração, peço-vos que não desprezeis as minhas súplicas, mas ouvi-as favoravelmente e dignai-vos atender-me. Amém.

5. Saudação de Santa Gertrudes

Saúdo-vos, Coração Sagrado de Jesus, fonte viva e vivificante da vida eterna, tesouro infinito da Divindade, fornalha ardente do amor divino. Sois meu asilo e o local do meu repouso. Divino Salvador, abrasai-me o coração do ardente amor de que está todo inflamado o vosso Coração. Derramai em meu coração as grandes graças, cuja fonte é o vosso Coração e fazei que ele esteja tão unido ao vosso que a vossa vontade seja a minha e que a minha esteja eternamente conforme a vossa, pois desejo que de agora em diante a vossa vontade seja a regra de todos os meus desejos e de todas as minhas ações. Amém.

6. Afetos ao Coração de Jesus

(Santo Afonso Maria de Ligório)
Amável Coração de meu Salvador, sois a sede de todas as virtudes, fonte de todas as graças, fornalha ardente, onde se abrasam de divino amor todas as almas santas, sois o objeto de todas as complacências de Deus, o refúgio dos aflitos e morada das almas que vos amam. Coração digno de reinar sobre todos os corações e lhes possuir o amor. Coração ferido na cruz pela lança de meus pecados e, desde então, presente continuamente sobre nossos altares, sempre ferido, mas pela lança do amor que me tendes. Coração que amais tão ternamente os homens e deles sois tão pouco amado, remediai Vós mesmo tão grande ingratidão, inflamando nossos corações com ardente amor a Vós. Coração divino, sede minha consolação nas provações, meu repouso nos trabalhos, meu alívio nas angústias, meu porto nas tempestades. Aceitai meu desejo de ver todos os corações inflamados de amor por Vós. Consagro-vos meu corpo e minha alma, meu coração, vontade, vida, tudo o que sou. Uno aos vossos todos os meus pensamentos, afetos e desejos. Eterno Pai, ofereço-vos os afetos puríssimos do Coração de Jesus.

Se rejeitais os meus, os do vosso Filho não podeis rejeitar, pois ele é a santidade mesma. Supram eles o que me falta e agradável me façam aos vossos olhos. Amém.

7. Oração ao Coração de Jesus
(Santa Margarida Maria Alacoque)
Jesus, meu único amor, absorvei em Vós todos os meus pensamentos e retirai meu coração de todas as coisas da terra, com a força do vosso amor, mais ardente que o fogo, mais doce que o mel. Fazei com que eu morra de amor por vosso amor, como vós morrestes de amor por meu amor. Senhor, feri de tal modo este coração que é vosso, transpassai-o tão fundo, que nada possa já conservar do que é terreno e humano. Coração de Jesus, morro por me unir a Vós, possuir-vos e abismar-me em Vós, para só de Vós viver, que sois a minha morada para sempre. Em Vós, Coração amabilíssimo, quero amar, trabalhar e sofrer. Consumi, pois, em mim tudo o que há de meu e em seu lugar ponde tudo que é vosso e transformai-me em Vós. Coração bondosíssimo, Coração sacratíssimo, cuja eterna alegria nunca dará fastio, mas, antes, júbilo sempiterno, recompensa sempre bem-aventurada. Como sois desejável, como sois amável! Amém.

8. Oração da Confiança
(São Cláudio La Colombière)
Meu Senhor e meu Deus, eu estou tão certo de que cuidas de todos os que esperam em ti e que nada pode faltar àqueles que esperam tudo de ti, que decidi, como norma, viver sem nenhuma preocupação e dirigir a ti toda a minha inquietude. As pessoas podem despojar-me de todos os bens e mesmo da minha honra; as doenças podem privar-me das forças e dos meios para servir-te; com o pecado posso até perder a tua graça, mas não perderei nunca jamais a minha confiança em ti, e a conservarei até ao extremo da minha vida, e o demônio, com todos os seus esforços, não conseguirá tirá-la de mim. Que outros esperem a felicidade nas riquezas e nos seus talentos; que confiem mesmo na inocência de suas vidas, no rigor de suas penitências, na quantidade de suas boas obras ou no fervor de suas orações! Para mim, toda a minha

confiança está na própria confiança que tenho; confiança que jamais enganou ninguém. Eis porque tenho absoluta certeza de ser eternamente feliz, porque tenho a inabalável confiança de ser feliz e porque espero esta felicidade apenas de ti. Por minha triste experiência, devo infelizmente reconhecer ser fraco e inconstante. Sei o quanto as tentações podem abalar as virtudes mais firmes. E, no entanto, enquanto eu conservar essa firme confiança em ti, nada poderá me assustar. Eu me recuperarei de qualquer desgraça e vou continuar a esperar, porque espero com imutável esperança. Enfim, meu Deus, estou intimamente persuadido de que não será jamais exagerada a confiança em ti. Confio que aquilo que eu receber de ti, será sempre muito mais do que aquilo que eu tiver esperado. Espero também, Senhor, que Tu me sustentarás nas minhas fraquezas e nas tentações mais violentas. Tenho muita confiança de que Tu me amarás sempre e que também eu, por minha vez, te amarei para sempre. E para levar ao mais alto grau esta minha confiança, ó meu Criador, eu espero em ti mesmo, agora e sempre. Amém.

9. Oração do Abandono
(São Carlos de Foucauld)
Meu Pai, a vós me abandono. Fazei de mim o que quiserdes. O que de mim fizerdes, eu vos agradeço. Estou pronto para tudo, aceito tudo, contanto que a vossa vontade se faça em mim e em todas as vossas criaturas, não quero outra coisa, meu Deus. Entrego a minha vida em vossas mãos, eu a dou, meu Deus, com todo o amor do meu coração, porque eu vos amo e é para mim uma necessidade de amor dar-me, entregar-me em vossas mãos sem medida, com infinita confiança de que sois o meu Pai. Amém!

CANTOS

1. Coração Santo

**Coração Santo, Tu reinarás!
Tu, nosso encanto, sempre serás!**

Jesus amável, Jesus piedoso, Deus amoroso, fonte de amor.
A teus pés venho, se tu me deixas, sentidas queixas humilde expor.

Divino peito, que amor inflama, que em viva chama, ardendo estás.
Olha esta terra tão desolada e abrasada logo a verás.

Estende, pois, teu suave fogo. E tudo logo se inflamará.
Mais tempo a terra, no mal sumida, endurecida não ficará.

2. Despertai, seguidores de Cristo

Despertai seguidores de Cristo, que em seu nome aqui estais reunidos.
Não façais surdos vossos ouvidos ao chamado de Cristo Jesus.

Deus é amor e quem ama o conhece, nada sabe de Deus quem não ama.
Foi o Pai quem amou-nos primeiro, e a este mundo seu Filho enviou.

Jesus Cristo, o Filho de Deus, foi espelho de amor de seu Pai.
De bondade e ternura infinita transbordava o seu coração.

Com amor acolheu sempre a todos: ao impuro, ao descrente, ao enfermo,
À mulher pecadora, à estrangeira, à criança, ao mendigo, ao pagão.

Perdoou e teve misericórdia, a ninguém aceitou condenar.
Abraçou Madalena e Zaqueu, sua missão era só pra salvar.

Combateu a mentira e o ódio, a injustiça e a desigualdade.
Ensinou sermos todos irmãos, com o mesmo direito e valor.

3. Coração de Jesus, fonte da Vida
Ir. Ofélia de Carvalho, ASCJ

O Coração de Jesus é a fonte da Vida.
O Coração de Jesus é a fonte do Amor.
O Coração de Jesus é ternura infinita.

É nesta fonte que vou saciar minha sede, aliviar minha dor.
É nesta fonte que vou saciar minha sede, aliviar minha dor.

Quero entrar, ó Jesus, no teu Coração,
E nesta escola aprender as tuas lições de paz.
A mansidão, a humildade, saber perdoar.
O teu amor, ó Jesus, vou testemunhar.

O Coração de Jesus é a fonte de graças.
O Coração de Jesus é oceano de paz.
O Coração de Jesus é total segurança.
É nesta fonte divina que o homem se anima, sua vida refaz.
É nesta fonte divina que o homem se anima, sua vida refaz.

O Coração de Jesus é suprema alegria.
O Coração de Jesus é a porta do céu.
O Coração de Jesus é a melhor companhia.
Faz caminhada conosco, na Eucaristia, amigo fiel.
Faz caminhada conosco, na Eucaristia, amigo fiel.

4. O Amor não foi amado
Dom Pedro Brito Guimarães

"O amor não foi amado!" Quanto ódio, quanta dor!
Quanto mais dilacerado faz jorrar rios de amor.

Coração, sim, teu coração é fonte de vida, torrente de amor.
Coração, sim, teu coração nos faça, Senhor, contemplativos na ação.

Do teu peito perfurado faz nascer a tua Igreja.
Sangue e água lavem o pecado e com os pobres sempre ela esteja.

Faz do coração do homem novo templo de oração.
Quem recorre ao teu Nome não despreze, ó coração.

E do coração da terra faz gerar um novo povo.
E da morte, fome e guerra vem nos libertar de novo.

5. Refúgio seguro
Adenor Leonardo Terra

Sagrado Coração do meu Jesus, depósito infinito só de amor, por mim sacrificado sobre a cruz, seu sangue derramou em meu favor.

Dentro do seu Coração quero, Jesus, me abrigar;
Nele, refúgio seguro eu sei que posso encontrar.
O meu presente e futuro terão aqui seu lugar.

Sagrado Coração do Filho Amado de Deus, que veio ao mundo nos salvar, terá por hoje e sempre reservado em minha vida um trono e um altar.

6. Coração de Cristo
Pe. Eliomar Ribeiro, SJ

**Coração de Cristo, que tanto nos amais.
Fazei que vos amemos sempre e muito mais!**

Vós sereis meu povo eleito e eu serei o vosso Deus!
Eu vos amo e faço novas, faço, sim, todas as coisas!

Sobre vós tomai meu jugo, sede vós os meus discípulos
E aprendei que eu sou manso e de coração humilde.

Só em mim encontrareis, sim, encontrareis descanso,
Pois meu jugo é suave e é leve o meu fardo!

Eis que sou o Pão da Vida, Pão descido lá dos céus
E quem come deste pão viverá eternamente.

Ó Jesus, manso e humilde, de humilde coração.
Fazei nosso coração semelhante ao vosso!

7. Ó Tu, que estás em tua casa
Reginaldo Veloso

Ó Tu, que estás em tua casa, lá dentro em meu coração,
Que tua voz repercuta lá dentro em meu coração!

Ó Tu, que estás em tua casa, lá dentro em meu coração,
Eu quero chegar a ti lá dentro em meu coração!

Ó Tu, que estás em tua casa, lá dentro em meu coração,
Permite que eu te alcance lá dentro em meu coração!

Ó Tu, que estás em tua casa, lá dentro em meu coração,
Acolhe a minha oferenda lá dentro em meu coração!

Ó Tu, que estás em tua casa, lá dentro em meu coração,
Faz que eu me perca em ti lá dentro em meu coração!

8. Ladainha do Novo Coração
Frei Telles, L. Baronto, Pe. Wallison Rodrigues

Ó dai-nos, ó Senhor, um novo coração.
Curai o nosso espírito, curai-nos, ó Senhor! Curai-nos, ó Senhor!

De toda doença e de todo mal, curai-nos, ó Senhor!
De toda inveja e maldade, curai-nos, ó Senhor!

Da falta de compromisso com a vida, curai-nos, ó Senhor!
Da violência que só gera violência, curai-nos, ó Senhor!

Da corrupção que assola a vida dos pobres, curai-nos, ó Senhor!
Do preconceito que só gera morte, curai-nos, ó Senhor!

Do egoísmo e de suas consequências, curai-nos, ó Senhor!
Do medo que paralisa e acovarda, curai-nos, ó Senhor!

Da falta de esperança em um mundo melhor, curai-nos, ó Senhor!
Das condições desumanas nos hospitais públicos, curai-nos, ó Senhor!

Da violência em nossas escolas, curai-nos, ó Senhor!
Da corrupção que desmoraliza a vida social, curai-nos, ó Senhor!

Da indiferença e do secularismo, curai-nos, ó Senhor!
Da falta de amor e respeito nas famílias, curai-nos, ó Senhor!

REFERÊNCIAS BIBLIOGRÁFICAS
Para a elaboração deste livro, consultamos, utilizamos e inspiramo-nos nos seguintes livros:

BÍBLIA MENSAGEM DE DEUS. São Paulo: Loyola, 2003.
BOSCHECO, Ir. T. & HANG, Pe. V. J. *Coração de Jesus, remédio para os males de todos os tempos*. Curitiba: 2012.
DIDEBERG, D. *Contemplar o Coração de Cristo*. São Paulo: Loyola, 2003.
GALACHE, Pe. G., SJ. *Jesus bate à nossa porta*: consagração das famílias ao Coração de Jesus. São Paulo: Loyola, 1995.
GASQUES, Pe. J. *Um Coração para amar*: as doze promessas do Coração de Jesus. São Paulo: Loyola, 2017.
GLOTIN, E. *O Coração de Jesus:* abordagens novas e antigas. São Paulo: Loyola, 2003.
LIMA, H. S. de. *Coração de todos nós*. São Paulo: Loyola,1987.
MAÇANEIRO, M. e ALMEIDA, J. C., SCJ. *Amar o Amor*: o Coração de Jesus em nossos lares. São Paulo: Loyola,1991.
_____. *Coração do povo, Coração de Deus*. São Paulo: Loyola, 1993.
MANUAL DO CORAÇÃO DE JESUS. São Paulo: Loyola, 94ª ed., 2019.
MESTERS, Fr. C. *Revelar o amor eterno de Deus* - Novena do Sagrado Coração de Jesus. Paracatu: Coordenação Diocesana do AO, 2015.
MORUJÃO, Pe. M., SJ. *Oferecer o dia, entregar a noite*. Braga, Portugal: Editorial AO, 2016.
NOUWEN, H. J. M. *De coração a Coração* – três orações ao Coração de Jesus. São Paulo: Loyola, 2001.
PAPA FRANCISCO. *Evangelii Gaudium*: sobre o anúncio do Evangelho no mundo atual. São Paulo: Loyola, 2018.
_____. *Fratelli tutti*: sobre a fraternidade e a amizade social. São Paulo: Loyola, 2020.
_____. *Gaudete et Exsultate*: sobre o chamado à santidade no mundo atual. São Paulo: Loyola, 2018.
_____. *Misericordiae Vultus*: o rosto da misericórdia. São Paulo: Loyola, 2015.
REIS, Pe. O. de J. *Mês do Coração de Jesus*. Itapecerica da Serra, SP: Ágape, 2010.
RIBEIRO, Pe. E., SJ [org.]. *Misericórdia de Coração a coração*. São Paulo: Loyola, 2016.
_____. Ao *Coração de Cristo* (CD). São Paulo: Paulus, 2018.
SALÉH, E. J. *Um ano com o Coração de Jesus*. São Paulo: Loyola, 2015.
SCHNEIDER, Pe. R. *A espiritualidade do Coração de Jesus*. São Paulo: Loyola, 2020.
SCHWAB, Pe. A. *Orações ao Coração de Jesus*. São Paulo: Loyola, 1987.
SOUZA, Pe. P de, SJ. *O Coração de Cristo*: 30 reflexões para o mês de junho. São Paulo: Loyola, 1995.
UM CAMINHO COM JESUS EM DISPONIBILIDADE APOSTÓLICA. Documento da Recriação do Apostolado da Oração. São Paulo: publicação da Sede Nacional do AO, 2015.

Edições Loyola

editoração impressão acabamento
Rua 1822 nº 341 – Ipiranga
04216-000 São Paulo, SP
T 55 11 3385 8500/8501, 2063 4275
www.loyola.com.br